数字经济发展创新管理探究

王琼琼　冯梦洋　朱永生 ◎ 著

吉林出版集团股份有限公司

版权所有　侵权必究

图书在版编目（CIP）数据

数字经济发展创新管理探究 / 王琼琼，冯梦洋，朱永生著. — 长春：吉林出版集团股份有限公司，2023.6
ISBN 978-7-5731-3536-0

Ⅰ．①数… Ⅱ．①王… ②冯… ③朱… Ⅲ．①信息经济—经济发展—研究—中国 Ⅳ．①F492

中国国家版本馆CIP数据核字（2023）第112015号

数字经济发展创新管理探究
SHUZI JINGJI FAZHAN CHUANGXIN GUANLI TANJIU

著　　者	王琼琼　冯梦洋　朱永生
出版策划	崔文辉
责任编辑	孙骏骅
封面设计	文　一
出　　版	吉林出版集团股份有限公司
	（长春市福祉大路5788号，邮政编码：130118）
发　　行	吉林出版集团译文图书经营有限公司
	（http://shop34896900.taobao.com）
电　　话	总编办：0431-81629909　营销部：0431-81629880/81629900
印　　刷	廊坊市广阳区九洲印刷厂
开　　本	787mm×1092mm　　1/16
字　　数	236千字
印　　张	11
版　　次	2023年6月第1版
印　　次	2023年6月第1次印刷
书　　号	ISBN 978-7-5731-3536-0
定　　价	78.00元

如发现印装质量问题，影响阅读，请与印刷厂联系调换。电话0316-2803040

前 言

数字经济是数字技术与人类社会全面融合的产物,是人类经济社会系统发展的新阶段,对中国未来社会建设具有举足轻重的作用。党的二十大以来,中央对发展数字经济做了大量部署,提出了加快数字产业化、产业数字化,加强数字社会、数字政府、数字生态建设,尤其是把数据作为基本生产要素进行市场化配置。

与全球各国相比,这些系统化的数字经济政策都更具有前瞻性和可操作性,是中国发展数字经济的有力保障。对数字经济的理解,不同领域的人有不同的看法,这些看法大体上分为三个角度:技术、市场和治理。技术是最普遍的角度,可以说数字经济到目前为止还主要是以技术专家为主来推动的,无论是国外的谷歌、苹果,还是国内的百度、华为,都充分体现了技术创新的巨大价值。但是不可否认的是,仅就数字相关技术而言,我国还存在大量需要突破的关键点。不过在某些特定技术领域和应用场景上,比如数据安全领域,我国已经取得了一定的突破。

本书对数字经济发展现状、实体经济(传统产业)、民生服务、金融行业等的数字化转型以及经济数字化与我国经济的高质量发展进行了研究;探讨了我国数字经济的优势、发展现状、推进策略和治理路径等。

由于笔者知识和水平有限,书中难免存在不足之处和错误,敬请读者批评指正,笔者不胜感激。

目　录

第一章　数字经济的基本理论 ·· 1

　　第一节　数字经济的基础 ·· 1
　　第二节　数字经济的特征 ·· 3
　　第三节　数字经济的影响 ·· 8

第二章　数字技术与数字经济 ·· 32

　　第一节　数据挖掘与精准决策 ······································ 32
　　第二节　资源集聚与平台经济 ······································ 36
　　第三节　信息感知与万物互联 ······································ 38
　　第四节　"智能+"与智能经济 ······································ 40

第三章　数字经济与区块链 ·· 44

　　第一节　产业数字化 ·· 45
　　第二节　数字经济时代 ··· 45

第四章　大数据驱动下的数字经济 ·································· 48

　　第一节　大数据挖掘技术应用于数字经济 ························· 48
　　第二节　企业级大数据平台的构建 ································· 51
　　第三节　大数据催生数字经济 ······································ 54

第五章　数字经济下的理论创新 ····································· 59

　　第一节　数字经济对传统理论的冲击 ······························ 59
　　第二节　传统理论解释数字经济的适用性 ························· 71
　　第三节　数字经济下的新问题与理论创新 ························· 72
　　第四节　数字经济理论及运行机理 ································· 75

第六章　重点行业数字经济发展 ······ 80
第一节　重点行业的数字经济发展路径 ······ 80
第二节　数字经济推动重点行业全要素生产率提升 ······ 83

第七章　数字经济的发展及管理创新 ······ 86
第一节　数字经济的基础产业 ······ 86
第二节　数字经济的技术前瞻 ······ 95
第三节　数字经济的创新管理 ······ 114

第八章　数字经济企业的创新管理 ······ 120
第一节　创新管理的特征及趋势 ······ 120
第二节　数字经济新理念与企业创新管理 ······ 127
第三节　数字经济给企业创新管理带来的影响及机遇 ······ 135
第四节　企业创新管理的数字化转型 ······ 141

第九章　数字经济的推进策略 ······ 146
第一节　基础设施：加快数字基础设施建设 ······ 146
第二节　推动数字经济发展的产业政策 ······ 150
第三节　完善数字经济的人才培养机制 ······ 152
第四节　优化数字经济的营商环境 ······ 154

第十章　数字经济治理的新路径 ······ 157
第一节　建设数字政府，推进数据开放共享 ······ 157
第二节　加强数字公民教育，提升数据素养 ······ 160
第三节　重视数据法制建设，保护用户隐私和安全 ······ 163
第四节　加强数据伦理建设，汇聚向上向善力量 ······ 166

参考文献 ······ 169

第一章 数字经济的基本理论

第一节 数字经济的基础

一、数字经济的发展阶段

随着数字技术的迅速发展,数字经济的发展出现了三个阶段:第一阶段是20世纪70年代开始的"孕育阶段",以数字嵌入技术和数字内容产品的产生为代表;第二阶段是20世纪90年代的"成长阶段",这一阶段形成了对数字经济产业的基本数字技术支持体系;第三阶段是20世纪末以来的"崛起阶段",在此阶段中全球数字经济由技术向市场迈进,数字产品的交易与应用不断拓展。

(一)数字经济的孕育阶段

数字经济的外延产品先于互联网的出现,然而互联网的迅猛发展加速了数字经济的成长和人们对数字经济的理解。计算机、嵌入式软件和网络技术的发展为数字经济的初步形成提供了技术支持。

以计算机、嵌入式软件和通信网络为基础的互联网的诞生是现代数字经济走入人们眼帘的标志性事件。在互联网的诞生阶段,诸如英国、法国、加拿大和其他一些国家,虽然已经创建了自己国家的计算机网络或是正在筹备计算机网络的建设,但技术障碍的存在使得网络并不能实现全球通信,而TCP/IP协议(一种用于异构网络的通信协议)的出现使不同网络之间的跨网通信成为可能。

总之,计算机和网络技术的发展为数字经济的形成提供了技术支撑,为数字产品通过互联网在全球范围内传播提供了孕育阶段的客观条件。换言之,TCP/IP协议是数字内容产品孕育的一个标志,它的出现使得数字内容在互联网上出现及传播成为可能。

（二）数字经济的成长阶段

网络通信行业的基础设施的建设为推动数字经济的发展奠定了基础。网络通信行业的基础设施建设主要包括搭建网络所必需的计算机硬件制造，通信硬件、软件和服务。

（三）数字经济的崛起阶段

综合性信息网络的形成是数字经济形成的标志，数字工作者也应运而生，大量新的数字实践技能被不断挖掘，其对商业、政府甚至整个社会都带来了深远且深刻的影响。数字经济引发的第三次浪潮创造了新的市场，并提供资源和需求的流动渠道，因此，全世界的组织和个人都可以参与创新、创造财富和社会互动。例如，政府的数字化影响各项政府服务、监管程序、决策过程和治理制度，帮助社会公众通过数字化产品和技术广泛参与到政府事务当中，提高政府的效率、转变政府职能、降低管理成本。同时，一些关于网络发展的理论及相关的政策也为数字经济的发展起到了巨大的推动作用，比如梅特卡夫法则、摩尔定律、达维多定律以及数字商业政策等。这些理论的应用揭示了数字经济的基本特征：一方面有利于学者学习和研究数字经济的内涵；另一方面则便于决策者把握数字经济脉搏，完善相应的制度和法律保障，确保市场的健康发展。随着相关理论的深入和政策的不断完善，数字经济呈现崛起状态。

二、数字经济的概念

如今，数字经济几乎无处不在，已经并将继续改变全球经济活动的模式与内容。数字经济是新通用技术变革影响的结果，它的影响远远超越了信息和通信技术部门的范畴，涉及了经济与社会活动的所有部门，如零售、运输、金融服务、制造业、教育、医疗保健、媒体等。它是通过全球化的信息互动和交流而实现的高科技经济。大部分数字经济的定义不仅仅是互联网经济（经济价值来源于互联网），同时还包括经济和社会活动所产生的其他信息和通信技术（ICT）。一般来说，数字经济是经济的一部分，主要是通过数字技术支持在互联网上进行商品和服务贸易。

数字经济是基于支持性基础设施（硬件、软件、电信、网络等）、电子化管理（一个组织通过计算机介导的网络进行流程管理）和电子商务（网上交易）的生产性或贸易性活动。经济合作与发展组织（OECD）认为数字经济是通过电子商务在互联网上进行商品和服务贸易的活动。数字经济由三个主要部分构成：支持基础设施、商务流程电子化（如何进行业务）、电子商务交易（在线销售商品和服务）。实际上数字经济的含义比较广泛，随着综合性信息互联网的形成，数字经济常被理解为以网络作为载体而产生的经济活动，如远程教育、远程医疗等。消费者不用与供应商面对面地进行货价交易，就能形成便捷、快速的经济活动。

数字经济与信息经济、网络经济、知识经济在概念上有近似之处，但又不尽相同。知识经济是依赖于知识和信息的生产、传播和应用的最为基础的经济形态；数字经济是信息经济和网络经济形成的基础经济，知识经济的发展为信息经济、网络经济的形成提供了条件；网络经济是指基于互联网进行资源的生产、分配、交换和以消费为主的新形式的经济活动；信息经济是以现代信息技术等高科技为物质基础、信息产业起主导作用的，基于信息、知识、智力的一种新型经济。信息经济与网络经济最终反作用知识经济，更有利于知识和信息的生产、传播及应用，三者并不是阶段性或矛盾的出现，而是影响经济发展的关键原因所在，三者的交织和融合逐步实现了向数字经济的过渡。知识的不断积累是当今世界变化的基础，信息产业、网络经济的蓬勃发展是当代社会发生根本变化的催化剂，数字经济是发展的必然结果和表现形式，由此不难看出这几个概念相辅相成，并构成了最终的数字经济内涵。

综上所述，数字经济是建立在数字技术基础上的生产、消费和交易等经济活动。

第二节　数字经济的特征

一、数字经济的发展定律

（一）梅特卡夫法则

梅特卡夫法则是指网络价值随着用户数量的平方数增加而增加，即网络的价值 $V=K \times N^2$（K 为价值系数，N 为用户数量）。在基础设施成本一定的情况下，使用的用户越多，则其带来的价值就越大。正如网络信息门户网站，资源被固定在门户网站上，浏览网页的人员越多，此网页的价值就越大，均分到的成本相应就越小，即数字经济的价值随着网络用户的增加而呈指数形式增长。

在数字经济中，数字产品可以很容易地被复制和传播，这就导致更多的用户可以通过比较低廉的成本获取产品，有效地增加了产品的累积增值性。与此同时，大数据的整合功能可以把零散而无序的大量资料、数据、信息按照使用者的要求进行加工、处理、分析、综合，从而形成有序的、高质量的信息资源，为经济决策提供科学依据，带来不断增长的报酬。

（二）摩尔定律

摩尔定律的重要意义在于，长期而言，随着制程技术的进步，使得 IC 产品能持续降低成本、提升性能、增加功能。这一定律揭示了成本降低的速度。但后来衍生的新的摩尔定律则意指互联网主机数和上网用户的人数的递增速度大约每半年就翻一番。对于一般商品而言，生产一单位商品的边际成本超过一定的限度后会有所上升，然而数字内容产品基于网络传播的特性打破了这一限制。

数字内容产品是指在数字经济的各种商业交易中，基于计算机数字编码的产品。它的成本主要由三部分构成：一是信息基础设施建设成本；二是信息传递成本；三是信息的收集、处理和制作成本。由于信息网络可以长期使用，并且其建设费用与信息传递成本及入网人数无关，所以前两部分的边际成本为零，平均成本有明显递减趋势，只有第三种成本与入网人数相关，即入网人数越多，所需收集、处理、制作的信息也就越多，这部分成本就会随之增加，但其平均成本和边际成本都呈下降趋势。因此，信息网络的平均成本会随着入网人数的增加而明显递减，其边际成本则随之缓慢递减，网络的收益随入网人数的增加而同比例增加。

（三）达维多定律

达维多定律指出数字经济更注重创新，创新是经济发展的不竭动力。世界经济论坛指出，数字经济是"第四次工业革命"框架中不可缺少的一部分。越来越多的基于数字技术和新的商业模式下的创新可以减少投入，甚至是零投入。例如，现有产品和流程的数字化、分布式制造、依赖广告的免费业务，还有交通、银行、教育等各领域的类似于优步的行动等，因此在数字经济下必须注重创新。与大多数现代专业人士相比，常规专业人员执行他们被要求做的任务时，他们因执行工作而迸发创新，这个概念适用于大多数社会工作。从这个角度来看，任何社会工作者都不愿过于乐观地参与可以被视为提高技术的使用及其与社会工作之间的关系。日常实践中,这样一个"对抗创新"的态度可能是比不加批判的科技魅力更适合社会工作环境。大多数创新都不是由工程师在实验室完成的,如早期用户之间的对话充满局限,为了寻求受欢迎的应用程序,一些业余人员有了一个好主意,并开发了一个原型,然后有一些成功。之后,产品或技术的专业开发人员去研究它,这就是聊天软件的出现过程。电脑和互联网正逐渐改变我们思维方式的方方面面:我们的感觉、我们的记忆、我们使用的语言、我们的想象力、我们的创造力、我们的判断和我们的决策过程。为了能够与更强大的技术竞争,人类在未来将不得不专注于创新,企业更需要如此。

二、数字经济的基本特征

在数字经济系统中,数字技术被广泛应用,由此带来了经济活动的新特征。

(一)开放

数字经济的开放首先指人的开放,人与人的关系以及部分行为和互动的开放。传统经济下人的交流及关系发展形势相对比较单一、枯燥,如通过书信、报纸等手段建立并维护感情,人的关系空间就显得异常狭窄甚至封闭,但在数字经济背景下,彻底实现了注册一个信息就能走遍天下并随时随地接受或传递个人情况及信息的梦想,人不再孤独,而隶属于群体,也不再单单隶属于一个群体,而是隶属于更多的群体,群体的多样性反过来推动人的开放。与此同时,由于数字经济组织结构趋向扁平化,处于网络端点的生产者与消费者可直接联系,深化了人与人之间部分行为的互动,降低了传统的中间商层次存在的必要性,从而显著降低了交易成本,提高了经济效益。数字化经济将进一步加剧现有的不平等,也就是出现"数字鸿沟"。数字经济为人类提供了情绪宣泄的平台并营造了交流学习的环境,数字化将从根本上改变我们的工作和生活方式。一方面,传统职业将消失,将取代人类劳动和物质生产过程自动化;另一方面,将出现新的以人为本的工作机会和新数字技能的需求,将有庞杂的数字经济政策要求人类适应数字化社会劳动规范和规则,为进一步适应"人"的开放创造更好的条件。但是,数字经济中不同的技术标准(质量、速度等)和不同的个人能力造成极大的机遇不平等,因此平等接入互联网是公平参与社会的关键。

其次是技术的开放,数字产品的主要投入为知识(技术),但是技术上的保密性是企业保持竞争优势的重要筹码,数字经济缺乏新事物和新理念,缺乏创新意味着丧失竞争力,终将无法逃脱被淘汰的命运。简而言之,"一切照旧"意味着失去机会和造成竞争劣势,速度、弹性和创新是必要的数字经济新要求。以软件业为例,起初技术人员在构建软件时,他们通常为心中假想的某一类用户而编写,现在软件创造者针对各种可能的潜在用户,逐步开放使用,并解决了大多数用户的需求。在移动通信行业领域,设计良好的平台可以促进应用程序的升级,为用户平台增加功能,因此它可以不断增值。此外,越来越多的数字产品在技术开放的背景下抢占了先机,一度成了竞争的赢家,比如在移动通信领域,安卓操作系统的开放性选择和苹果系统的半开放性都在很大程度上击垮了技术上少有改变、没有做好应用的配套、没有唤起产业链上的合作伙伴及用户信心的塞班系统。能力是指技术开放,包括创造产业链条、搭建产品平台、打破市场壁垒、加快信息技术开放。信息技术平台在数字经济基础设施中举足轻重,技术的开放让竞争多方都成为赢家。

(二)兼容

数字经济促进了产业兼容、技术兼容和发展兼容。

一是产业兼容。知识的生产、传播以及应用被信息化和网络化迅速渗透,最终促成了第一、第二、第三产业的相互融合。例如,农业工作变得机械化,对劳动力的需求大幅度减少,工业也是如此,传统工业劳动力需求量出现一定的更迭,不能适应数字经济下新工作岗位的工人面临失业,而大量新兴的技能需求却缺少相关技术人才。因此,新农民、新农业、新工人、新工业将大量涌现,电脑控制、移动终端操作这些技术将提高工作效率,降低人工成本及技术限制,导致三大产业之间的界限变得模糊,最终实现产业的兼容。

二是技术兼容。在日渐一体化的数字经济融合中,互容性允许不同的平台和应用程序可以由不同的开发及使用人员进行联系和沟通,以此增加用户的使用价值。互容性是指不同硬件与软件、技术之间的兼容。不同的平台和应用程序之间的互相操作性允许这些单独的组件进行连接和沟通,这是基本数字技术日益趋同的结果。用户通过一个单一的平台访问更广泛的内容来体现互容性增加产品的价值。如今,由于数字经济中区别于传统实物交易的产品及服务均以数字化的形态存在,现实与虚拟技术的兼容成了数字经济的有力支撑。例如,广泛运用的虚拟现实技术。作为数字化高级阶段的虚拟现实技术能使人造事物像真实事物一样逼真，以此来应对现实中难以实现的情景。比如对地质灾难及泥石流、火灾等突发事件的学习与体验，因为难以制造现实场景来构建学习平台，通过虚拟现实就能让人们产生身临其境的感觉，把各种可能的突发事件集中起来，以此来推动应急管理工作开展。然而技术的兼容需要统一的标准化要求，但是标准化不应被视为技术兼容的灵丹妙药。第一，标准制定过程必须公开和透明。第二，虽然采取了许多数字标准，然而在实践中很少有成功的，因此一个有效的标准必须是精心设计、满足真实需求并能够广泛开展的。第三，采用标准化的企业有可能相对于其他企业创新更慢，它会抑制产品差异化。

三是发展过程中消耗与可持续性的兼容。传统的经济发展认为，社会资源是有限的，经济发展必然会带来资源的消耗，因此与生态环境很难兼容，即经济的发展会对有形资源、能源过度消耗，造成环境污染、生态恶化等危害。数字经济在很大程度上既能做到过度地消耗资源，又能够保障社会经济的可持续发展。

（三）共享

技术变得越来越嵌入我们的生活，因此产生了越来越多的数据。数据或技术的共享会吸引更多的用户或组织，如广告商、程序开发人员到平台上来，带来的直接效果就是平台上的用户越来越多，吸引力越来越大，用户与产品的相互作用越来越明显，会有更多的用户和有价值的产品不断出现。共享带来的间接效果是由于平台的高使用率会对类似平台或产品的原始用户带来收益，同时原始用户通过技术把一部分额外效益无偿转移给其他生产者或消费者。例如，被广泛采用的操作系统会吸引应用程序开发人员生产新的应用兼容程序操作系统来保障用户的利益，同时自身也获得额外收益。

当然，信息技术的共享也会带来不利影响，信息及技术的共享是否会带来更多的非法应用，在标准化、规范化上是否有明确的法律依据及全球认可的统一准则。一方面，信息及技术的共享可能会导致市场故步自封，不采取积极的行为来提高市场地位，从而抑制市场的自主竞争。另一方面，虽然社会的各个主体都应该享受到信息技术共享带来的效益，但是也应注意不能试图滥用这些信息提升市场主导地位甚至是危害公共安全。尽管有强大的安全保障技术和防欺诈检测，但每一个程序都可能是脆弱的。未来在数字领域的数据共享的可能性和进一步自动化增加了潜在安全漏洞。

第三节　数字经济的影响

一、数字工作者

随着数字技术越来越无处不在，越来越多的社会工作将被取代，社会工作者需要不断提升数字实践技能。如果打字速度非常缓慢，将难以承担在线社会服务工作，尽管这可能会被简单地增加电脑语音音频和视觉应用来缓解。更重要的是，它还需要扩展实践技能，传统沟通的方法通常是用信件和短信发送文本语言，这种方法很容易被转移到电脑系统中使用。当我们进入数字社会以后，技术能够提高的社会工作效能并不是确定的，而是与社会工作者创造性地使用数字技能密不可分。

从产品生产到消费者反馈，数字技术随处可见，通过数字化进程，世界上的多数企业都受益颇深。未来数字化进程还将继续，并且为推动全球化贡献力量。如果数字经济开始逐渐代替传统的销售和服务，传统工作者必须改变自身认知和技能，来适应数字经济带来的巨大改变。劳动力构成也随之发生巨大变化，更多地从"非技术"工作向技术工作转变，人工需求主要集中在设计、编程、计算和通信基础设施的保养和维修等方面。"非技术"一词指不需要任何可以经过短暂的职业培训和资格认证的工作，典型的例子是专业或简单的农业生产、手工操作，短周期机器运转，重复的包装任务和单调的监测活动。长期来看，数字化可能会带来新形式的非技术性工作机会。

我们应该考虑影响数字化工作机会的三个主要方面。第一，自动化的潜力是有限的，专业知识的重要性不能为计算机所替代；第二，任务和工作流程的动态性；第三，高度不同的工作结构和条件。出于多种原因，我们不应该将数字化改造极端化，更合理的假设是随着数字化工作的进步，非标准化工作将朝着不同的方向发展。当前的研究使我们能够展望非技术性工作的四种发展路径：一是"自动化非技术的工作"，即非标准化的工作将在很大程度上为机器所取代；二是"非技术性工作的产业升级"，即升级非标准化工作；三是"数字化非技术工作"，即出现的新形式的非技术性工作；四是"结构稳定的非技术性工作"，即不改变现有的人员和组织结构。这些不同的发展路径通过支持自动化和产业升级提高工作的质量和提供"体面的"工作，同时这将进一步减少低学历人群的就业机会。未来的数字工作者将包括以下两大类人群：

（一）软硬件开发维护工作人员

硬件、软件包括提供数字经济发展必备的基础设施、软、硬件及其所衍生的后续服务等。信息的传递与其说是"高速公路"，倒不如说是"高速公路网"，这里的"高速公路网"是数字经济的基础设施，它是突破时间及空间的立体化网络。基础设施的建设与完善主要包括三个方面：硬件、软件以及信息数据等基础设施的建设。硬件包括摄像机、扫描设备、键盘、电话、传真机、计算机、电话交换机、光盘、电缆、电线、卫星光纤传输线、转换器、电视机、监视器、打印机等信息设备；软件包括允许用户使用、处理、组织、整理各类信息的应用系统和应用软件等；信息数据包括存储于电视节目、信息数据库、磁带、录像带、档案等介质中的各类数据，计算机和电信行业的快速发展已经为程序员提供了一个庞大且不断增长的系统，如系统分析师、计算机科学家和工程师等。这些职位通常需要专业学位的学习经历，通常集中在科学、数学或工程领域，并在许多情况下，甚至需要研究生学历的人才或者受到过专业培训的人才。

内容制作者、维护人员主要负责为软、硬件的开发制定技术标准，不断制作、更新和维护数字产品。经济增长与技术的投入密不可分，当前的经济条件开创了前所未有的新兴市场，也为培养技术人员并通过增加投资来推动增长的人才、技术需求开辟了新路径。同时数字技术刺激了消费者需求，并有效利用资本和资源形成了良性循环。这些都需要大量的数字工作者去推动。许多公用事业部门在全国开始铺设数千公里的新纤维光缆，带来的直接效果便是使互联网接入速度提升了几十倍。随着互联网用户数量的增长，上网速度变得更快，更加具有兼容性，随之而来的是上网设备数量的增加。这些对数字经济的基础设施的建设要求较高，同时也加大了对数字工作者的人才需求。

（二）软硬件使用人员

数字市场都是双面的，由此导致两个或两个以上的用户组从数字平台的使用中受益。例如，用户使用搜索引擎在互联网上获取信息，广告商获取潜在用户信息来推广数字产品。这些数字产品的出现给人类的生产方式及生活方式都带来了极大改观,从经济链的角度来讲,主要是供应商、中介商以及服务支持机构,这些新兴技术的出现也在潜移默化之中推动了数字工作者对自身能力的提升。

供应商主要指将自己生产或是他人生产的物品用来交易的群体。中介商在现代社会更多地被称为电子中介或信息中介。中介商在网上提供服务,通过搭建平台,建立信息沟通机制来负责建立和管理在线市场,笼络消费者和供应商,并提供一些基础设施服务,以帮助买卖双方完成交易。服务支持机构主要负责解决数字经济具体实施中产生的问题,如从认证、信用服务到知识提供,但更倾向于后续权益的维护、法律保障、自发形成的潜在准则、信用服务、评估、业务培训、决策咨询等。这些都要求硬件、软件的使用及受益人员掌握数字经济产品的相关知识,包括基本硬件信息、软件维护、门户网站、窗口设计等,其导致的直接结果是新就业岗位剧增。

数字革命已经达到需要科技素养全面的人们参与的阶段,因此在地域上和领域上分散的员工需要协作来共享技术、思想、人脉、经验和知识,使他们避免"封闭怪圈",进而提升社会进步价值。我们应区分三种技能:工具、结构和战略。工具指处理技术,知道如何使用计算机和网络进行更复杂的操作,如发送电子邮件附加文件,使用文字处理、数据库和电子表格应用程序,搜索互联网或下载、安装软件。结构技巧指的是能够使用信息中包含的(新)结构的能力。战略技能指更具战略性地使用信息,包括主动寻找信息、分析关键信息的能力和行动,掌握相关工作或个人生活环境信息的连续性,有时被称为"组织的意外"。社会信息景观渗透到我们的日常活动中使得这些技能变得越来越重要,但从本质上说,它们不是数字技能,它们非常相似并与数字实践技能有密切的关系,旨在开发研究相关的社会工作学习和实践方法。

二、数字消费者

(一)数字消费者信息的获取

在数字经济的推动下,消费者通过互联网进行购物可更多地选择,这是因为他们发现通过这种方式可以在做出购买决策时获取更多的信息,促使选择大大增加。更好的信息加上更多的选择,再加上许多互联网业务可以降低运营成本,进而降低价格或提高质量,数字经济无形当中推动了消费信息获取渠道的历史性变革。在网上,消费者可以购买其他地区,甚至其他国家的商品,虚拟化、高速化的信息渠道延伸出数不胜数的商业分支，极大地推动了信息的交互及交易的达成。新闻和报纸就是最为真切的例子，越来越多的消费者可以通过各种形式的渠道接收不同国家和地区的前沿信息。网站销售比传统零售提供更多的选择。在网上，读者可以输入关键字选择他们想要的产品类型，选择一些品种齐全或者可信度比较高的门户网站，搜索它们的相关信息并进行浏览，通常这些产品几天或者几周之内就会到达消费者手中。

总体来说，消费信息需求主要为六种类型，分别是发现与探索、事实与体验、比较与选择、交易、学习和积累及确认与再确认。但是数字化影响的不仅仅是消费者在信息获取过程中使用的方法和手段，同时还是消费者在信息获取过程中的各种资源。传统的消费者获取信息的方式、生活形态相对比较单一，然而随着移动设备的流行与普及，互联网用户在信息爆炸时代对实时化、更快获取资讯和参与交流的需求更加强烈。

在传统媒体盛行时代，消费者行为主要是通过电视、广播以及平面媒体（报纸、书籍等）来获取信息，娱乐方式也仅限于这些设备及技术。但在新兴媒体出现以来，消费者行为产生了巨大的变化，最为普遍的依然是新闻及报纸的例子。报纸虽不会很快退出历史舞台，但随着人类对生态保护的重视以及可移动终端的普及，以报纸等为代表的传统媒体也必将走向衰落，随之而来的是消费者行为的碎片化，消费者不会再花费较多的时间去阅读报纸、听广播、看电视等，取而代之的则是随时随地刷手机新闻、看视频直播、选择电视节目等。

（二）数字消费者行为

1. 消费者行为逐渐碎片化

产品的快速更迭缩短了消费者更新换代的使用周期，广告的投入越来越多，但是效果却并不理想。究其原因，是受到消费领域的"碎片化"影响。"碎片化"是指完整的统一物体或形态被分解成零零散散的过程或结果。从数字化消费者方面来讲，主要表现在信息获取途径对消费行为的碎片化影响上，导致的结果则呈现在媒介接触、产品选择和生活方式等方面。手机、游戏、网络、平面媒体等新兴技术的出现，将消费者以往的生活节奏、生活习惯完全打乱，时间上被分割成碎片的形式，即消费者行为的碎片化。数字产品不仅拥有不可破坏性、可改变性、较快的传播速度、产品互补性等物理特征，而且从经济学上来讲数字产品还具有较强的个人偏好依赖性、特殊的成本结构，以及高附加值等特征。这些特征导致消费者的行为与传统产品的消费产生了不同的习惯。表现在产品选择上可以理解为从信息的筛选中选择出"理想产品"，在实际购买过程中显得更加务实，由于消费者的年龄、职业、收入、爱好以及对产品特性的感知等不同情况，出现了"理想产品"与实际购买产品不一致的现象，诱发"碎片化"的行为变化。

2. 消费者趋向于信息实效

信息获取渠道的不断丰富，可供选择的信息也参差不齐，消费者对信息的选择与过滤更加频繁，会更加主动查询和长期关注由真实用户发表与分享的产品使用体验与回馈，因当前存在大量被不良商家雇用的虚假用户存在，消费者更加趋向于能够实时、面对面地去了解产品，同时对于相关部门的监管能力也给予了更高的期望。通过数字技术也可以将客户的真实体验与信息分享用于数字营销。在当今世界，消费者和商业客户经常做的一件事就是在决定购买前通过搜索网站和比对自己的朋友圈及其他用户分享的建议对产品进行排名。商业主体必须提供最新的产品信息和在线了解消费者对产品提供的建议和意见，这是因为商业主体可以将活跃在各大平台上的消费者作为"营销工具"来促成它们的产品交易和服务，以增加客户忠诚度。例如，及时调查消费者倾向于何种广告推广，什么时候最容易接收信息，然后通过何种渠道选择它们的产品。商业主体越来越意识到他们可以不再专注于通过数字化技术销售产品，更重要的是需要出售一种体验。如果商业主体做不到这些，将使潜在客户丢失，实际客户不满。因此，沟通和服务是关键，企业必须改变现存的与消费者沟通的方式，取代以往强加式、灌输式等单向的互动，摸索出既吸引消费者，又能与消费者保持长期的双向交流，保证消费者分享自身的经验和感受的途径，使消费者形成一种对信息的真实把控。

3. 消费者趋向于自主决策

面对数字时代，消费者在商品信息的筛选、产品的选择、价格的对比以及进行实地的拜访查询和售后维权等过程中表现出更强有力的自我决策意识。在浏览广告页面时，消费者会被经销商铺天盖地的宣传"困扰"，甚至会产生"对抗营销"的心理作用，与以往传统的报纸、电视广告不同，纷繁且复杂以及充斥着过时、虚假的信息使得消费者更加注重多方位、多角度地去审视产品信息，以此来保证自身的自主决策。

（三）数字消费者心理

1. 方便快捷的满意度

今天的消费者受益于在传统渠道上无法相比的产品选择和服务，在网上购物可以节省时间，提醒供应商尽可能快地交付产品。例如，买一辆汽车就是一个非常复杂的过程：它包括选择特定的制造商和车型、选择装备不同的配件和性能、选择支付方式（是否租赁或购买，如何获得最高的效益）、选择和购买合适的车辆保险，最后以一个满意的价格成交。在互联网出现之前，收集这些信息可能需要大量的时间，网络的动态变化使购物者可以查看不同车型的照片和阅读大量关于汽车的特性和性能的信息，也可以在线进行保险选择。决定买哪一辆车后，窗口上会弹出让客户表明他想要的汽车的类型、排量以及颜色，然后完成一辆新车的购买请求，这些选择信息会让经销商与公司在24小时内联系客户，商讨相关事宜。销售保险产品的工作人员帮助客户确定其需要什么类型的保险以及相关的信息使客户做出有根据的选择，从而使客户得到心理上的极大满足。尽管数字时代下消费者购物具有很多新的特征与优势，极大程度上提高了消费者的满意度，但是这种消费模式也不可避免地会让消费者产生一些心理上的障碍。

2. 选择困难症

消费者在选择产品时应结合媒体信息的宣传，还要纠结实际使用的效果，同时还要考虑后期的保障及资金安全问题，正是这些原因导致消费者行为出现了"难以抉择"的尴尬境况。这主要分为以下几个原因：一是消费者能否对商家信誉把控的问题。品牌效应一直是影响消费者选择产品的重要因素，品牌的好坏也取决于商家的信誉是否良好，包括商家提供的商品信息、商品质量保证、商品售后服务等是否能使用户满意。二是网络资金安全的问题。越来越多的人通过电子银行来进行交易支付，但是新闻上屡见不鲜的账号密码泄露、个人资金被转移、网络欺诈等案件都给数字支付蒙上了阴影。三是配送责任与配送周期的问题。与传统的面对面交易模式不同的是，现行的交易更多地呈现出虚拟化、模糊化特点。在购买产品之后对于其到达用户手中的周期与责任问题面临诸多挑战，有些需要几周甚至更长的时间，如购买预售产品、限量汽车等。另外，在运输过程中时间延误或者产品出现损坏的责任确定问题的凸显，配送物品安全性与合法性有待进一步了解。四是网上购物的体验问题。网上购物更多的是从视觉及用户分享来决定是否购买产品，但是产品的实际性能，与自身的匹配程度并不能亲身体验，大大降低了网上选择产品的真实购买行为的可能性，比如对于一件非常喜欢的衣服，用户评价比较高，但是衣服的真实尺寸及上身效果并不能确定，这些都使消费者的购物体验大打折扣。

（四）决策路径变化

大众媒体时代的决策路径与传统的决策路径大相径庭。传统的决策路径是单向的五个阶段，即兴趣、信息、决策、行动、分享，呈现出一种链式的递进关系。消费者基本以被动接受、依赖记忆、独立决策和行动为主。线上（ATL）营销与线下（BTL）营销角色分明，线上营销激发消费者的兴趣、提供信息，线下营销则促进消费者的决策和购买行为。

第一，从分离到连锁，决策路径无间隔。对某件产品感兴趣，可通过搜索引擎甚至是现场体验来获取产品信息以及自身感受，从而为自己的购买行为进行决策，而后采取购买行为并在使用产品之后通过各种渠道进行分享真实产品体验情况。

第二，以信息为核心，消费者主动获得各种信息。数字经济时代是信息化的时代，知己知彼才能抢占先机。消费者在发生购买行为之前可以通过各种渠道来获取产品信息，如报纸、电视、广播等传统媒体以及以互联网、手机各种移动终端为代表的新媒体。

第三，消费者在选择产品时要结合媒体信息的宣传，要纠结实际使用的效果，同时还要考虑后期的保障及资金安全问题、网上购物的体验等，这些因素导致消费者过滤、判断信息的难度增加，使了解、对比、选择产品的过程被大大延长，效率下降。

第四，决策的捷径，从兴趣直接到行动。这是因为工具的便利，从兴趣直接到行动是指在决策路径上，信息与决策可以是同步的、动态的，获取信息的同时就已经对消费行为产生决策，大大缩短了行为的发生周期。

第五，分享的闭环，口碑影响消费者的决策。决策路径当中，不同以往的链式过程，信息、决策、行动以及分享形成了闭式结构，口碑已经成为影响信息、决策以及行动的重要因素。消费者不仅可以通过广告等方式了解产品的正面信息，还可以通过新闻、论坛、公众号等渠道来详细了解产品的负面信息，便于消费者进行决策。

第六，随时在线是未来。在各个阶段都存在渠道来供消费者进行决策，比如在兴趣阶段，铺天盖地的广告穿插在我们的生活当中，随时随地影响消费者的兴趣，加速了消费者进入信息的收集阶段。此后随时随地的查询手段与技术为消费者提供相关的信息，提供更多的选择，更加便于进行决策。之后采取行动并随时随地进行产品的使用效果分享。

三、数字商业

虽然"数字商业"这个词已经被广泛使用了一段时间，也有了各种各样的含义，现在作为一个明确用于描述新兴的商业生态系统的术语将很快引领商业运作的方式。无论是个人还是企业如何思考过去的数字业务，但现在是时候改变以往的陈旧观念了。智能手机、平板电脑、可穿戴设备联网对象以及不断扩大的B2B（电子商务中企业对企业的交易方式）和B2C（电子商务中企业对消费者的交易方式）应用程序意味着一个公司与消费者、商业伙伴实时互动的能力呈现出"信息爆炸"的倾向。市场，无论它究竟是何种形式，都具有三项主要功能：一是匹配消费者和供应商；二是为与市场进行相关的信息、货物、服务的交换以及支付提供便利；三是提供制度基础，如法律和法规框架，使市场运行得更有效率。

（一）数字化资源库更好地匹配消费者与供应商

1. 有效匹配消费者与供应商

分析客户在社会媒体中的行为，可以根据他们使用企业产品的好恶、选择和他们的满意程度，使组织能够在消费者产生需求或在问题出现之前迎合客户甚至通过返现、退换货等手段减少客户对产品的抵制情绪。消费者可以很容易地通过点击鼠标或点击触摸屏访问海量信息和选择供应商，由此不再被迫支付他们不想要或者不需要的产品或服务，同时可以随时随地与其他消费者进行体验分享。例如，通信业务的流量及通话套餐的选择，运营商不再强制消费者开通或购买所有业务，而是消费者可以根据自己的喜好和实际需求来进行订阅业务，新的定价模式变得如此透明并能自由搭配，使得消费者满意度有所提高，运营商的竞争力也有所提升。企业与客户、合作伙伴在行业之间进行意见交换在极大程度上使消费者与供应商更加匹配。大数据和云计算已经在部分具有实力的公司里发挥作用：推荐系统、预测产品需求和价值等。企业同时可访问消费者日常操作所形成的数据库，然后检查其有效性。虽然这没有真正在实践中被推广，但这依然为企业直接营销到下一个层次提供了机会，大大缩小了潜在消费者的范围，使企业变得有利可图。当客户访问网站时，如果访客已经在网站注册或购买一些产品，网站可能会说"你好"或者用户的名字。

因为它可以根据自己的技术,记录客人的互联网地址并匹配到用户信息。

匹配买家和卖家,为交易提供支持(如金融服务),通常需要承担在线风险分担功能。例如,数字经济网站提供交易机制来保障市场进程,同时提供信息和匹配服务,使其选择合适价格出售,通过辨析用户的喜好和感兴趣的信号,通过提供对消费者的评估、卖家的声誉,为安全交易提供担保。这就可能会有挑战即要求在提供个性化服务的同时维护个人权利,尤其是对隐私和个人数据的保护。现在,许多消费者因这种类型的营销而担心个人隐私的安全。若网络用户开始相信卖家在网上提供这些服务的同时,可以保护自己的隐私,有针对性的营销可能会变得毫无障碍。因此大数据成为未来发展的必然趋势,企业需要思考如何利用数字化技术改变和提升用户体验,如何利用数字化技术转型公司的产品和业务,如何利用数字化技术提高生产效率。

2. 有效匹配工作岗位

社交媒体是许多成年人日常生活的核心要素,在劳动力市场发挥着越来越重要的作用,尤其是工作匹配。企业使用猎头网站或公司发布职位空缺,寻找新的员工,公司和其他人力资源服务部门系统地评估新员工。事实上,大多数的工作现在只经由广告网络和社交媒体招聘求职者,超过1/3的求职者通过社交媒体进行他们的工作搜索。社交媒体为失业者提供较多的就业机会和其他帮助,帮助人们与朋友维持关系,并找到新的工作,它们形成的社会关系网络给直接寻找工作和间接帮助人们应对失业的痛苦等情况带来了一定的益处。社交网络一方面促进了劳动力市场一体化;另一方面也加强了现有的社会关系,对于失业人员尤为重要,因为亲密的朋友和家庭成员不仅可以提供有用的信息,而且提供情感支持,从而减缓失业对他们造成的负面影响。如果失业的人可以通过开放和宽松的网络经常与别人交流,他们将感到更少的社会孤立感而得到更多的支持,这些都是促使他们更快地返回工作岗位的重要因素。然而并不是所有的社会群体都会得益于社交媒体提供的机会,尽管许多失业的人使用自己的互联网接入(网络连接+个人电脑)找工作,但是尚有一大批人员没有必要的设备并通过公共互联网访问或寻求信息。这种缺失会限制他们通过数字手段努力获取信息的协助或支持,在许多方面会导致这些人被排除在外。社交媒体进行社会整合和参与劳动力市场都取决于使用这些资源的经验和能力,许多失业者学会如何使用社交媒体找工作,但他们仍然非常怀疑数据是否安全,他们的敏感性反过来阻碍了其通过社会媒体匹配的便捷途径。传播媒介不再仅仅提供信息,相反,求职者需要学习如何更有效地在线展示自己,换言之,在新的数字世界通过数字产品获得更多的信心和能力来寻找工作。

3. 有效降低买卖成本

数字经济会改变行业结构,并带来巨大的影响,具体可分成两个阶段予以进行。行业结构改变的第一阶段是市场机制的数字化。其结果是,消费者能用最低的价格买到产品。批发商等中介从价值链中消失,网络中介开始出现,计算机和网络通信(组成)是一个全新的互联网中介,它们的社会功能、成本和收益以及发展前景、责任,将越来越多的用户通过信息和服务加深联系以提升经济发展速度。行业结构改变的第二阶段是产品本身及其销售方式的数字化。数字化是先进的数字技术,由载体和辅助传感器组成,在很多方面都可以改进业务流程。例如,大数据分析可以通过跟踪产品运动帮助物流运行更加安全便捷;云平台可以用来创建统一的业务移动和处理平台,可以使员工在任何地方通过设备随时完成他们的工作。标准云平台提供的特性和功能使交易更快捷、利润更高,通过自动化、标准化和全球采购流程,企业可以变得更加敏捷,更快适应需求的变化,能够更好地提高维持利润的能力,同时可以大幅度降低成本。基于我们的经验,数字化技术带来的采购和外包可以减少高达50%的运营成本,这也正是较多的商业主体选择该业务流程和IT(信息技术)服务的原因。敏捷性是商业主体至关重要的竞争力,其越来越依赖于通过人工干预和快速变化的市场发展预测进行反应,然而人工和自动化机器还没有完全能够响应。因此,商业主体必须以等同甚至更快的速度紧跟新产品和软件开发来适应连续、突然和迅速的变化。数字化免除了供应商保留实体存货并运送给消费者的必要性,从而大大节省了库存成本和物流运输成本。在销售方面,供应商和顾客通过网络集中到一起,从市场营销、订单处理、销售,到最终支付全在一处解决,缩短了订单履行周期,并大大降低了相关费用。

(二)信息传播发生根本性变化

新的商业模式基于信息的广泛发布和向顾客的直接传递。在线广告支出费用在逐年增加,媒体总支出占比也在不断升高,可以说数字经济下的商业广告也从传统的电视、报纸、杂志、广播等形式逐渐向数字化产品融入的形式转变。例如,户外广告、移动终端、网络等,尤其是目前社交软件的普及使广告商逐渐重视社交平台。社交平台直接面对消费人群,目标人群集中、宣传比较直接、可信度高,更有利于口碑宣传。社交平台使营销人员更深入了解观众的兴趣，这样他们就可以更加明确消费者共鸣的内容并准备相关的推广策略。这种直接营销促成数字经济与顾客直接交互式的接触，实现与顾客双向通信，比如通过网络发送信息节约成本，交付数字产品（如音乐和软件）比交付实物产品的资金更为节省。

（三）数字化技术打破传统交易壁垒

1. 对中介带来的改变

互联网服务提供商和网络托管公司等中介机构在网络基础设施管理中起着至关重要的作用，它可以将设施及信息提供给终端用户，并确保有足够的基础设施投资继续满足新的应用程序和网络容量不断扩大的需求。迄今为止，激烈的市场竞争中，企业计划通过电信监管改革推动互联网基础设施的广泛发展。企业在很大程度上已经建立了互联网基础设施，并运行和维护大部分基础设施，它在积极参与发展壮大的过程中。互联网促使发达国家在竞争环境中研发和创新应用、技术以及服务的范围。这些创新反过来提供低成本、丰富和高质量的解决方案来帮助网络运营商、设备供应商和服务提供商扩大其规模。如广告是一个重要的在互联网上没有或很低成本的可用内容和服务，在较小程度上，辅助服务费用与高端产品销售利润率相比具有较高的回报。在互联网上，中介平台为了生成观众吸引广告商，吸引卖家，或者能够提供保险费服务而忽略货币成本。对于企业和消费者来说，市场基础设施有助于满足传统的公共利益，利益的实现反过来推动可持续的商业模式，继续支持基础设施建设，尤其是过渡到新的数字商业。

然而，有时很难在一个不断变化的环境中确定接收者的身份以及受益人的价值，许多运营商仍然收取用户的数据流量，这些价格往往很高。在其他情况下，移动宽带运营商选择包月方案但控制过度使用数据。运营商面临一个困难的挑战，定价过低将会降低网络质量，定价过高将限制使用的频率。因此，构建一个临界价格对中介的发展至关重要。例如，就用户和广告商或买家和卖家中的双边市场的影响而言，中介机构采取特定的定价和投资策略会使得双方的利益平衡，传统价值链将被解构。一开始讨论的"数字经济"的影响，认为顾客会绕过中介机构，并直接与他们的供应商进行沟通。例如，客户为了检索产品能够直接访问某些制造商并直接与制造商进行商议产品的交付。因此说，传统的中介将从价值链中被删除。但事实并非如此简单，新的中介机构会随之出现，这可能看起来是一个矛盾，但它是一个典型的"数字经济"的演变发展过程，代表着产业结构和特征的基本变化。它们通过彼此差异化服务所提供的范围和地理覆盖面，在各自价值创造过程中塑造中介的角色。数字经济对中介的发展影响巨大，非中介化和再中介化是两种典型现象。中介一般提供两类服务：一是匹配和提供信息，二是咨询等增值服务。第一类服务可被完全自动化，可由提供免费服务的电子市场和门户承担；第二类服务要求专家参与，只能被部分自动化，因此一般会对此类服务进行收费。由于第一类服务会被自动化，只提供第一类服务的中介将被消灭，这种现象被称为"非中介化"；提供第二类服务的中介不仅会生存下来，而且可能走向繁荣，这种现象被称为"再中介化"。互联网为再中介化提供了新的机会：首先，当参与者人数众多，或交易的是复杂的信息产品时，经纪人就显得十分有价值；其次，许多经纪服务要求进行信息处理，电子化服务可以在更低的价格上提供更丰富的功能；最后，对于敏感价格的谈判，使用计算机作为中介比使用人工更可靠，软件中介可进行核实，而人工中介的公正性却难以核实。

2. 对消费者带来的改变

差异化降低了产品之间的相互替代性，个性化满足了消费者追求独有服务的需要，消费者喜欢差异化和个性化，愿意为此多花钱。由于没有实体店面、最低限度存货的限制，网上商店运营成本很低，出售的商品一般比普通市场上的便宜。网上商店可以利用数字经济向顾客提供出色的服务，不仅特色鲜明，而且快速、便捷，这使其服务极具竞争力。数字经济支持高效的市场，带来了相当激烈的市场竞争，这是机遇，更是挑战。数字交付的商品和服务软件、光盘、杂志文章、新闻广播、股票、机票和保险都是无形商品，其价值不依赖于物理形式。如今的大部分知识产权生产、包装、存储在某个地方，然后送到最终目的地，技术将这些产品的内容在互联网上以数字形式展现。现在来自世界各地的新闻内容可以在互联网上免费阅览。技术和消费者偏好的演变，使消费者访问和浏览互联网可以使用各种设备和工具，节省高昂的租金成本。

消费者可以通过中介信息的选择，帮助刺激价格竞争、创新和提高质量。消费者通过中介选择供应商，不仅从竞争中获益，还帮助推动和维持供应商的利润提升。消费者通过互联网中介搜索引擎和数字经济平台获得产品的价值或服务信息等多种多样的选择，降低交易成本与活跃经济。成本主要指搜索成本（例如，所花费的时间和精力来确定可以在一个给定的市场选择合适其价格水平和最具竞争力的供应商）、交付成本、后续保障成本等。网络中介减少时间因素的重要性决定了经济和社会活动的结构，消费者购物和查找信息节省时间，使得社会活动变得更有效率。一些消费者指出用扭曲的形式比较其价格，比较网站上存在风险，这取决于由谁来支付和配售搜索引擎的推荐链接。比如大多数互联网商店试图让网上购物尽可能丰富和简单，现在购物不需要去"仓库"来买东西，一些供应商通过网络等渠道提供它们网站的直接链接，安排在商店的货架上的实体产品都替换为电子目录，包括照片、详细的产品描述、大小和定价的信息，甚至通过第三方评论协助消费者选择不同的商品。当准备购买时，客户点击产品，把它装进一个虚拟的"购物车"，并可以继续购物或者直接进行结算。新客户输入基本的姓名和地址信息，以及一个付款账户，在电脑上按一下回车键，交易即刻完成。即使购买一辆汽车，这也比典型的零售购买有更多的选择机会，可以通过大量的汽车在线市场、分类网站甚至制造商的网站来选择最合适的汽车。消费者想了解自己所购买物资的到达情况，可以去该公司的网站，输入订单号，可迅速了解产品已经在何处或预计何时能够到达以合理安排自己的时间。由于它的低成本和易用性，互联网将有助于各个主体相互沟通和实现更多的价值。

3. 对供应商带来的改变

供应商可利用官方网站、直播平台、即时通信工具等进行充分沟通与协作，打破"信息孤岛"，形成企业自身的知识生成与分享体系，在此基础上，将已有资源进行整合，提高资源的利用率。随着数字技术在商业市场中的广泛应用，重要性也日益显著，更加难能可贵的是其不仅具有低廉的成本，还具有更加高效的使用功能。供应商已经开始使用互联网为客户服务，如产品描述、技术支持和在线订单状态信息查询服务，这些不仅可以省下一笔钱，还可使公司的客户服务人员来处理更复杂的问题和管理客户关系，由此收获更多的满意的顾客。

虽然数字技术对供应商来说带来了巨大的财富，但它们必须把生活真实的一面告诉消费者。基于行业和业务的不同情况，为了避免落后于竞争对手，组织需要重新考虑它们如何在数字化时代发展壮大，高速的产品更迭以及技术更新和人类需求的不断改变，那些不能跟上步伐的供应商将失去业务竞争的能力，这些能力至关重要，供应商开发一个数字战略和开始数字转换宜早不宜迟。在某种程度上，供应商应对数字化冲击必须迅速地采取行动，掌握数字技术，通过移动、社交、互联网（物联网）和大数据来缩短产品和服务进入市场的时间。但这些技术本身是不够的，在内部，还要求供应商应用程序管理数字体验必须无缝链接到应用程序和系统的记录；在外部,供应商、消费者和其他第三方中介需要形成供应链合作伙伴系统。为了抓住机遇,需要适用的技术平台,如果信息系统和业务流程太过落后,则不能利用新技术和新的市场机会,很多公司尚不具备数字技术经验,因为它们缺少必要的信息系统之间的联系。例如,客户信息通常存储在多个数字化载体,如电子邮件、社交论坛、博客的数据中等,有如此多的断开链接的来源,很难形成有凝聚力的竞争资源,这种差异可能导致不一致的客户体验。在当今多元化的行业拓展有效市场业务的情况下,需要的不仅仅是一个统一的客户数据来源,还需要系统能够迅速将匿名读者转化为"已知"客户,这样他们可以进一步被发展成为实际消费者,这需要在海量信息里收集丰富、准确的客户信息,维持供应商与消费者服务端体验互动循环。

供应商应该学会预测客户的需求,提供动态的、引人入胜的交互并通过每个客户首选的联系方式进行无缝对接。一般来讲,有三种基本成分塑造成功的数字体验:一是无缝交付客户体验,通过多个设备和渠道的一致性提高品牌效应;二是为客户进行量身定制,利用数字化技术及设备匹配用户;三是创新,在数字领域利用新颖的形式、潜移默化的"声音"、吸引顾客区分的品牌、增加忠诚度、增加收入。虽然供应商已经接受了一种新的业务流程管理,这个高度响应系统汇集了所有数字转换的元素,如"云"、移动设备、大数据和物联网,这些平台允许开发人员可操作地分析和嵌入业务流程,并允许用户与企业应用程序和系统的记录智能交互,建立一个真正的数字业务,但供应商仍需要解决的问题是,理解客户的担忧、举办实时可见性商业活动、消除内部矛盾并增加灵活性、利用商业机会和对市场的变化做出反应,做出更好的决策。

互联网面向全世界,价值昂贵的技术基础设施可为任何人在任何时候提供免费使用。在互联网中,会随时随地地出现新事物和新思路,旧的规则通常不再适用,因此,互联网上的竞争是激烈的,空间市场中的竞争无疑是残酷的。电子市场降低了搜寻产品所需的成本,使顾客能找到更便宜或更好的产品,迫使供应商降低价格或改进服务。与此同时,顾客不仅能找到性价比高的产品,而且能以更快的速度查找,比如使用搜索引擎寻找自己喜欢的图书并比较价格。针对这一特点,进行在线交易并向更多搜索引擎提供信息的公司将获得竞争优势,也基于此,不少搜索排名服务可以向企业收取费用。许多代表提供互联网内容服务的提供商(ISP),现在大多数网上信息是免费的,但是接入国际互联网需要租用国际信道,其成本对于一般用户是无法承担的,这对ISP是一个严峻的挑战,为了应对这一挑战,ISP必须进行创新性盈利,并将互联网产业和传统产业结合起来以保护自己的产品。

(四)数字商业政策

数字化和全球信息网络驱动的商业模式和数字经济导致更多的跨越边界的数据交换,在许多情况下,需要经由国外服务器和网络节点。实际上,在许多情况下区分清楚国家和全球之间的沟通并不可能,这引发了一个严重的问题——商业数据流的立法和执法政策。。

虽然供应商可以充分利用互联网的潜力获得收益,但也不得不克服许多挑战。它们需要依靠计算机图像和信息来确定合适的产品和质量来增加消费者信心,并简化有缺陷的或不需要的商品返回的过程,它们也需要解决消费者隐私和账户安全的问题。即使没有我们的参与,我们的设备和服务器也时刻在收集大量的数据,它们生成我们的信息。当这些数据可以被任何人通过我们的设备、网络和服务获取,这对隐私的影响是巨大的,然而当前的政府、法律和技术基础设施还没充分做好保护我们不被商业和非法利益获取这些数据的准备。

尽管消费者习惯于通过信用卡、电子钱包等来进行结账,但仍然有许多人不愿意在线支付,因为担心它会被偷或被误用,这种不情愿通常被视为网上销售的最大阻碍。在今天我们经常可以发现,消费者并没有机会阻止个人信息被收集,或者有足够的权限来了解其他人将如何使用这样的信息(例如,公司是否应该限制其内部目的的使用,特定的条件得到满足时它是否可以传播到外部企业,或者是否可以被广泛传播)。在消费者收到不必要的电子邮件或者推销电话时才可能意识到一些没有经过他们同意的信息已经被私下出售,虽然这些可能会看到积极的一面,比如这些对消费者过去浏览和购买行为数据信息的收集可以向他们推送消息以便于及时购买或了解,但是,消费者往往想要一些控制来规范何时以及如何收集和使用他们的数据。为让消费者对自己的个人信息进行控制,不少政府相信私营部门建立行为准则和自律意识比政府制定广泛的政策和指导方针更有意义。有效的自律包括实质性规则以及相对应的手段确保消费者知道规则,公司遵照执行,有不服从时,消费者有适当的追责权:消费者需要知道收集者的身份及个人信息、信息的使用目的,这意味着消费者信息可能被限制而不能随意披露,同时消费者应该有机会行使选择和如何使用他们的个人信息的权力。此外,消费者应该有合理的机会,适当地访问他们公司的信息,并能够在必要时纠正或修改这些信息。收集者创建、维护、使用或传播可辨析的个人信息必须采取合理的措施保证其可靠性，必须采取合理的预防措施来保护其免受损失、滥用、改变或破坏。随着消费者网购需求的快速增长，作为供应商应解决上述问题以促使消费者变得更加熟悉和适应在线购买商品。

有一个适当的数字商业政策来确保各种商业主体的合法性权利就显而易见。当然，首先必须是建立在扩大全球互联网访问和使用的基础之上，促进安全和负责任地使用互联网，尊重国际社会和伦理规范，增加透明度和问责制；其次就是要促进互联网创新、竞争和尊重用户的选择；最后是应该建设安全的关键信息基础设施和应对新的威胁，确保个人信息在网络环境中被保护，保障尊重知识产权，确保可信的网络环境提供个人保护，尤其是未成年人及其他弱势群体。以此来鼓励投资基础设施，提供更高水平的服务和创新的应用程序，创建一个市场化、数字化环境。

四、数字政府

事实上，政府治理数字化的规模已经超过其他行业。数字政府是指政府机构利用信息和通信技术，如电话、电脑、网络等基础设施，在数字化、网络化的环境下进行日常办公、信息收集与发布、公共管理等事务的国家行政管理形式。数字政府包含多方面的内容，如政府办公自动化、政府实时信息发布、各级政府间的可视远程会议、公民随机网上查询政府信息、电子化民意调查和社会经济统计、电子选举（或称"数字民主"）等。数字化政府在现代计算机、互联网通信技术的推动下，为帮助建立或积极调节国家的交通、通信等基础设施起到了重要作用。

（一）数字政府使政府效率显著提高

数字政府已影响到包括所有城市居民和政治、经济、基础设施和交通城市规划和财务状况，这些问题使用市政管理部门的数据就可以解决。在数字社会中的计算机、数据库、信息技术和互联网，为数字政府提供了技术支撑条件和信息交流的公共平台。通过这个平台，引导政府管理迈向更加快速、高效和智能的台阶。政府的办事流程和效率的数字化可以提升政府的生产力和效率效益。由于数字交易一般是更快、更方便，数字化正在快速成为公民访问政府服务的首选渠道。数字政府通过提高工作人员的数字技能水平、降低使用数字服务的难度、增加用户体验来提高政府办公效率。通过电子政务，政府一方面能够实现过去不能行使的效能，比如即时服务。另一方面改进过去的政务成效。数字政府实践中基本的经验是，处理政务的速度更快，更能适应节奏变化很快的现代社会；处理政务更为公正，信息更为公开，办事程序更为透明；处理政务更加以用户为中心，方便了用户，公众更为满意。如管理信息系统可以通过有效收集、分析、选择、存储、处理及传播信息等手段来应对复杂和多变的环境，为制定合理的决策、促进有效管理提供有力依据。然而数字政府的高效率离不开数字实践者，数字政府从用户事务上节省了时间是实质性的，政府需要考虑通过适当的策略来确保这些工作者顺利过渡到新的角色，这可能涉及外部支持来使用新的数字系统的培训成本和时间成本以及工作人员学习新技能的冗余成本，但因为数字意识和能力是一个重要问题，具有强烈的用户服务意识的员工可以过渡到数字服务中心的服务代表，对于缩小数字鸿沟以及提高政府效率意义深远，数字技术人才数量也应随之增加。如果公众无法享用数字服务，或者他们的业务不可以通过数字渠道实现，政府应鼓励"数字化"用户访问网络和接受数字服务。

从原始数据创建到得到有用的数字工具，从而使信息尽可能广泛地被访问，需要程序员、工程师和城市规划者解释和处理数据，专业知识领域的软件开发、设计和沟通是综合了政府管理和其他社会组织共同开发数字工具的解决方案。总之，城市和政府机构不仅要改善开放数据的态度和提高透明度，还要定期与不同的参与者通过交流来进行优化。为使公众可以访问所有政府的自助服务区域，了解政策和表达诉求等，公务人员应该帮助他们学习如何解决事务，同时政府也应专注于解决当前系统的复杂性问题来简化议程。

（二）数字政府使政府更加民主

公民是公共服务的最终用户，并有很强烈的愿望希望政府可以提供卓越的服务，并潜在认为政府的"声音"应该更有分量，更能得到民众认可，政府的数字化恰好为解决这一问题提供了有效、便捷的渠道。政府数字化，即利用网络提供线上服务和网络的双向即时的特点为民众提供互动服务，如"云"、移动终端和社交媒体，创建一个精细化的运营模式和平台来迅速回应民众以及鼓舞公民参与政策制定和公共服务的设计；此外政府可以通过数字化产品第一时间公布政策、新闻、动态并可以及时、准确地获取反馈进行调整，这也就意味着政府与民众之间的互动更加频繁，数字化政府使政府变得更加民主。简言之，最理想的民主是公民可以全程参与社会的决策过程，数字政府则完美地解决了这一原则性的问题。

（三）数字政府使政府管理成本降低、职能转变

数字政府将一种前所未有的方式和地点呈现给民众办理业务，节省了民众昂贵的交通运输费用，同时也大大降低了政府的内部成本，提升了效率。通过建立大数据信息库、搭建信息整合平台，能够极大程度上减少工作人员配备，无纸化办公、电话网络信息传递等手段都极大程度地降低了政府管理成本。比如电子政务的四级便民业务，个人通过政府便民网络系统，在自己的移动终端上就能完成信息阅览、表格下载、进度查询等业务，既方便个人业务办理，也减少了个人及政府人员配备开支。我们分析了一系列不能量化的好处，如信任、满意度、透明度、合作和参与。但政府和公民的主要成本费用，包括ICT（信息、通信和技术）资本、运营费用、人员费用和数字教育转型却是能够量化的。计算机的普及，包括智能手机、平板电脑的使用，多年来，软件和互联网推动了一系列新的数字技术，包括移动应用的发展、智能设备和云计算等。数字化将客户交易变得更加便捷，政府管理成本变得更加低廉，数字技术已成为我们的生活和经济的一个组成部分，数字化已经从信息和通信技术部门本身扩展到许多其他行业，数字政府则是最为广泛的受益者。客户交易服务是公民和公共部门之间的实质性的相互作用，涉及的活动如缴纳的税款和账单、申请政府福利、营业执照和登记等，对公众的日常生活代表着重要的公共资源。近年来，受数字创新的影响，公共部门已经开始充分利用数字技术，一些政府事务由于其复杂性可能很难被数字政府取代，但仍有增长的空间。当然，面对面等传统渠道业务办理会继续发挥作用。数字变化通常需要改善用户体验而更改业务流程，提高某些群体的数字技能水平，降低使用数字服务的难度。

信息的透明化以及办事流程的便捷化也推动了政府由管理向服务的职能转变。电子政务的实施使先进的信息技术迅速渗透到政府工作的各个方面，对于推动政府职能的转变具有重要的作用。电子政务的实施可以使政府更准确、及时地掌握经济运行情况，在适当的领域中发展适当的服务项目、进行科学指导并实施宏观的调控。事实上，数字政府的机遇和影响是巨大的，更好的智能软件和数据驱动的洞察力为数字政府转变职能提供一系列成果来增加经济活力。数字政府的实施可以更有效地提升政府的市场监管能力并更好地为企业、公众发展提供符合其实际运用的服务，从而能够充分发挥政府对经济调节、市场监管、社会管理和公共服务的职能。

五、数字社会

随着社会数字化的迅速发展，人们的生活和工作方式发生了巨大的转变。例如，正在从支持"健康和福利"转向强调"幸福"。数字技术可以用来向更健康的生活方式提供个性化的服务，促进个人的成长和增加它们对社会的贡献。数字社会一般指在"自然—社会—经济"复合系统的范畴，数字社会包含自然环境及人口两个基本要素。在数字经济的大框架下，从"人"的角度来探讨数字社会的巨大变革。数字社会简单归纳为人类发展的台阶式进化，既包含生产方式、生活方式、人际关系的变化，也包含数字经济政策的革命性进展。

（一）生产方式的变化

随着数字社会的实现，劳动力的重塑更新了人类与自然的接口，可穿戴设备与智能机器扩展交互技术将作为"人"成为新的生产方式的团队成员。这些技术与设备可以和普通劳动力完美兼容，成为一种全新的生产方式。数字化的争论工作全面展开，但它可能会边缘化许多迫在眉睫的问题，将为数字社会提供重大挑战。例如，新兴的生产方式如何监管，使社会稳步发展而无须承担相关成本和风险尚不清楚。因此在技术推动发展之前，我们面临的挑战是解决劳动力的使用问题，同样涉及时空维度和必须考虑讨论和评估工作的数字化及其潜在影响。近年来的技术进步给我们带来了新的选择进而来塑造我们的工作和生活：信息和通信技术使我们能够在不同的工作地点检索、处理和保存信息。因此，目前，劳动力使用界限被重新界定：不仅承认体力劳动，而且承认脑力劳动也是一种非常有限的资源的事实。我们的工作固定在时间和空间基础上，现在越来越多的任务可以摆脱工业化带来的制约，使人类离开古老文明的"死胡同"。比如说技术工作者：信息技术的增长在新的劳动力和工作场所两个驱动上所允许的灵活性发挥了重要作用。劳动力的灵活性是指一个公司以更少的僵化的组织结构生产产品和服务的能力，它指的是一个工人没有被绑定到办公桌上或办公室内部的能力。在传统的产业组织模式中，生产工人通过死记硬背执行任务，一遍又一遍地进行机械运动，类似于车间的生产流水线，一个工人完成自己的工作部分，下一个工人开始进行接下来的流程，一直持续到一个完整的生产过程结束。对于那些需要平衡工作与家庭的员工，远程办公对在工作上与同事和客户沟通提供了便捷。全球化信息技术创造了新的全球商业机会，面对同一项目，虽然在几个不同的地点,但仍然可做到跨地域远程操控,现在甚至可以部署资源和操作世界各地的组织。现在,在互联网上选择商品、接受教育、获取信息、远程服务咨询、在线指导等,来自世界不同地方的员工可以通过先进技术来完成,从而节省大量时间。互联网在此扮演着重要的角色,工作分裂成各种各样的形式,使用电脑导致常规任务被机器执行,但人类尚有部分领域的知识,电脑还不能理解。如今,我们再也无法容忍落后和妨碍人类潜力发挥的工作方式。我们需要摒弃传统的"工作"或"工作场所",重新审视人类的生产方式。

生产方式是指社会生活所必需的物质资料的谋取方式,以及在生产过程中形成的人与自然之间和人与人之间的相互关系的体系。换言之,生产方式是物质生产方式(物质获取方式)和社会生产方式(社会经济活动方式)在物质资料生产过程中的能动统一。数字经济下的生产方式的性质正在发生变化,我们已经开始从阶段性就业向众包就业转变,工作可能来自任何人、任何地方。与工业社会完全不同的生产工具变得更加多元化,生产力大大提升,数字经济使劳动主体与劳动工具在一起的低效、单一的捆绑情况得到改善。以传统的农业和手工业为主导的生产方式已经不能满足现代人类的物质精神需要,以体力化、机械化、僵化的生产方式朝着脑力、技术、创新的形式突破原有生产资料交换的限制。生产方式决定了经济的发展,采用先进的技术,能发展生产,提高经济效益,从而推动社会的进步和历史的进程。经济发展稳定了,人们就会安居乐业,政治才能稳定,整个国家才有强盛可言。在20世纪早期,农业工作已经变得机械化,劳动力的需求就随之减少,当农业的工作岗位消失后,仍有制造业工作,后来消失的岗位都迁移到服务工作中来,数字经济的一部分会凸显出来并生成了一套全新的工作。可以想象机械化的设备在田间地头劳作,工厂的工人也基本被机器所取代,足不出户就可知天下大事并运筹帷幄,这些都是生产方式转变最好的佐证。综上所述,数字化技术带来了信息革命,有效降低了社会成本,社会成本的降低将会重新分配社会权利和改变生产方式。

(二)生活方式的变化

生活方式不再单一无趣,取而代之的是高速化、虚拟化、仿真化的教育、医疗、旅游、工作、消费等新形式。例如,远程教育的普及、数字化技术的推进使得卫星、电视、网络等系统资源实现了多次、交互式的数字变革,彻底改变了传统的学生被动学习的教育模式,真正实现了足不出户就可以接收到其他地区甚至是其他国家的先进教育资源，同时还可以通过移动终端来随时随地学习。当谈到教学的数字化，学生最初的学习环境及教育条件缺乏对地点的灵活选择和时间的充分利用，而如今以数字化信息和网络为基础，在计算机和网络技术上建立起来的对教学、科研、管理、技术、生活服务等校园信息的收集、处理、整合、存储、传输和应用，使数字资源得到充分和优化利用。此外，面对医疗资源的分配不均、救援时间紧迫等原因所导致的医疗救护工作受到重重制约，但关于实现人们远程医疗的梦想从未中断；相反，远程医疗取得了突破性进展：远程医疗技术已经从最初的电视监护、电话远程诊断发展到利用高速网络进行数字、图像、语音的综合传输，并且实现了实时的语音和高清晰图像的交流，为现代医学的应用提供了更广阔的发展空间。另外体育用品公司现在通过个人健康设备捕获和共享运动数据促进健身服务，这还只是新设备和新创意经济推动的开始。传感器、摄像头、家用电器和汽车等无数的东西连接到互联网。对于每个连接，都有潜在的新服务和更好的决策，如远程车辆维修、物业管理和个人健康管理。

每个人都受益于网络，即使不是在相同的模块上——从提高效率和创新能力上，数字化确实提供了巨大的增长潜力。商品和服务的技术——通过合并成为智能对象，允许其使用更少的资源，更快地生产产品，因此更有效率。以新的方式、组织和创造新形式的就业和商业模式，将会为我们提供一系列更快、更好、更低廉的服务。通过更多的包容和更好的方法来照顾老人和残疾人的家庭，这些都是数字化提供的机会，但也有风险：越来越集中的一些垄断数据能够逃避国家控制，"数字鸿沟"的扩大和社会的两极分化，不断影响工作和私人生活之间的界限，带来更多的压力，而且，如果由机器执行更多的任务，我们可能会失去一系列的能力和技能。

（三）人际关系的变化

数字经的济大背景彻底打破了人类交流的时间和地域的限制，为不同文化背景、不同社会阶层的人们创造了一个独特的对话空间——塞伯空间，即通过电子邮件或电子公告牌实现的异步传播。数字经济为人类提供了前所未有的平台来进行问题的讨论和学习、释放他们的情绪、交换信息、申请政府改善服务，通过共同努力改善他们的生活质量。

1. 为推动人际交流营造环境

人们使用网络不仅仅是为了寻找信息，更是为了寻求情感支持和归属感。数字经济的开放性决定了人、信息和技术的传播自由，尤其是网络采用的离散结构，打破了时间、地域的限制，数以千计的技术及平台为人与人交流建构了虚拟环境。正是虚拟环境的匿名性、隐蔽性减少了产生信息和反馈的顾虑，最终使人类将紧张的工作节奏、难以承受的生活压力、难以向亲朋好友启齿的情感问题得以倾吐和宣泄，达到了既能保证人类畅所欲言，又能使各项涉及敏感性、隐私性调研工作得以正常开展。区别于传统的交流渠道，现代的交流渠道更倾向于多元化、快捷化、自由化、平等化以及开放化，数字产品的广泛使用推动了人际交往圈子的扩大，人际交往的范围和领域超越了时空的限制，突破了以往面对面的交往局限，实现了一对多、多对多以及多对一的人际关系形式。在数字经济的大环境下，所有交往均靠计算机和互联网来完成，不再有种族、语言、文化背景、行业、社会阶层的差别，人们不必担心自己的言行举止是否符合自己的身份、是否被不同文化背景的人误解，也不必为相互关系的建立与维持大伤脑筋，虚拟社区给予人们交流信息、表达意见、抒发情感的广阔空间，省去了现实人际交往中的种种麻烦。例如，越来越多的人热衷于通过各种交流平台，和与自己有着相同志趣、爱好的人结成一个亲密的社区，甚至与远在地球另一端的好友交谈，就像邻居一样亲近。在网络这个自由、平等、开放的交往空间，人们可以认识到更多的人，人与人之间的交流就会越来越多，人与人之间的关系也会拉得越来越近。

2. 为人际关系冷漠埋下隐患

国际互联网会制造一个充满孤独的世界。数字技术虽然方便了人与人之间的沟通与交流，但也带来了人与人之间的道德情感日益淡漠、非理性行为激增、道德人格异化加剧等负面影响。各种数字化产品的出现虽然在一定程度上接纳了任何阶层、任何文化背景的人员，但正是数字化产品的开放性与共享性使人们之间面对面直接交流的机会越来越少，使人际关系沟通行为趋向单一化、冷漠化。在移动社会中，互联网对绝大多数年轻的目标群体使用者发挥着巨大的作用。例如，激发他们通过社交媒体了解政治，营造社会参与的氛围，而受教育程度高的人以更信息化的方式将它用于娱乐。人们通过技术减少孤独，事实却是互联网增加"孤独"。然而，某些群体的人外向但仍然面临孤独，通过向他们提供电脑、宽带上网和培训支持，会减轻孤独的感受，这表明，针对一些参与者而言，不是内向导致孤独，而是缺乏流动性导致孤独。

3. 人际交往的社会性和规则性被弱化

数字化的环境中不具备现实社会中那种活生生的具体时空位置和形态，交往主要以网络为媒介，与现实空间中的交往相比具有间接性、难感知性的特点。网络的匿名性和虚拟化的特征，一方面给网民呈现真实的自我提供了平台，另一方面也让真实社会中的社会道德约束机制变得形同虚设。通过低门槛的移动终端这样的沟通渠道，快速获取知识，我们将整个世界都装进了"裤兜"。互联网和数字化提供巨大的开放和参与的机会，然而存在社会规则被弱化以及"数字鸿沟"的问题，在这一点上只有数字自治能够处理它们。数字自治意味着在一个数字世界帮助别人塑造自主决策，无论是在工作上还是在生活上。我们想在我们的社会避免数字鸿沟，我们想使每个人都受益于数字自治，从而促进参与。因此，我们的教育体系必须面对数字技术转换，必须获取人们的现实社会生活本身以及关注现在和未来的工作条件。我们最需要的是寻找改变的勇气和信心来完成它，唤醒并保持天生的学习渴望、好奇心和开放的态度面对改变，最终使人人都可以受益。

（四）数字经济政策

数字化进入社会生产和信息的传递过程中，带动了全社会的变化。在生产方式上，各种僵化、传统的生产方式发生革命性的变化，从农业、手工业到现代工业、信息化服务；从国家到地方，数字化得到不同程度、不同层次的推广和普及。在经济上，商业往来中的数字经济也形成井喷之势，网络上的交易量年年创新，不仅如此，信息的分享率和传递到达率的提升也渗透于我们生活中的方方面面。人使用智能手机转发图片、视频和与朋友分享很难避免侵犯版权，几秒钟的音乐或海报的背景就足以构成侵权，如果"公开"在互联网上侵犯版权，如音乐、短片等许多具有创意的数字艺术形式，必然会受到法律的制裁。因此，这么多商业主体涌入数字经济，它们必须要有一个明确的行业法规，尤其是个人隐私和版权、税收这几个问题。

数字经济政策需要明确的评估和建议，否则数字经济的未来只能停滞在政策制定者手中，绝不是那些将数字经济变为可能的创新者和企业家手里。同时，法律机构和技术部门提出了三个潜在抑制数字经济发展的因素：一是缺乏一个可预见的法律环境，二是担心政府对数字经济的征税问题，三是网络不确定性、可靠性和安全性。因此应建立一个国内与全球发展相统一的法律框架，促进和加强全球数字交易，同时，应该对互联网商务进行合理征税，对现有数字经济的税收政策应符合国际税收的建立原则，应当对其他形式的商业保持中立，应避免不一致的国家税收管辖权和双重征税，而且应该是简单易行的管理。最后则是利用先进的技术手段和行业、法律规范来保证网络使用者的合法权益。

但适当的数字经济政策在推行时也存在很多困境。数字经济的动态性和技术性质让一些批评的声音出现，过度或不适当的干预将破坏竞争，而不是保护它，过度监管约束会抑制创新。鉴于动态竞争在数字经济中的重要性，特别是保护对投资者的激励和创新的需要，在这个框架中，最好听从行业自律或简单的约束影响竞争的过程。然而，大多数人的观点是，有一个特定的保护竞争和创新结构的数字经济政策实施的必要性，以此来推动创新和惩治非法竞争行为。

竞争执法可能需要阻止并停止反竞争行为，否则会制约动态竞争的发展进程。即使一些情形在竞争法的情况下可以适当使用，但也存在种种障碍。首先，竞争法律干预的最佳时机仍然是一个不得不面对的复杂问题，考虑到在许多数字市场不同的平台之间存在激烈的竞争，很难确定在哪个节点上来辨析和实施可能被认为是主要的竞争执法目的，基于事前监控竞争可能比事后执法策略更加有效；其次，现有竞争法律尚不能灵活和微妙地被应用在数字经济。比如说过度的干预风险将进一步阻碍主导产业的发展和合法的竞争，很多具备关键技术的盈利公司在数字经济的激烈竞争中呈现的动态或周期性的持久竞争优势难以捉摸。在多数情况下，竞争法应用在数字市场必须足够灵活。但是，某些反复出现的困难，包括相关数字市场专业知识，数字经济的跨国性质和技术问题需要建立竞争概念适应数字环境。第一，尽管专业技术与数字技术被视为在数字经济中有效运用竞争法是必不可少的，但竞争监管机构缺乏这样的专业知识。考虑到快速发展的数字经济的性质，任何数字经济政策很快过时，因此选择增加一个权威的专业技术顾问，进行数字市场行业调查，参与行业的协调流程迫在眉睫。第二，技术广泛的融合、学科的交叉、平台竞争和不断创新的周期可能大大复杂化市场定义，运用竞争法的概念建立数字环境可能困难重重，因此还需要不断补充完善。

第二章　数字技术与数字经济

第一节　数据挖掘与精准决策

大数据技术的实际意义不在于其拥有大量的数据信息,而在于对这些含有意义的数据进行挖掘、处理、应用而产生的价值。换而言之,如果把大数据比作企业,那么企业要想实现盈利,就必须要提高其对数据的加工处理能力,通过技术的加工来实现数据的价值变现,进而实现企业的盈利。

大数据需要特殊的技术,才能有效处理大量、复杂和不断变化的数据。这些技术主要包括大规模并行处理、数据库、数据挖掘、分布式文件系统、分布式数据库、云计算平台等。简言之,数据挖掘就是从大量的数据中提取有价值信息的过程。这个对数据进行各种处理和归类的过程,需要掌握正确的数据挖掘分析思维和数据挖掘技术。目前,数据分析思维已经成为一种被广泛倡导的科学素养和实践方法论。以下介绍的就是常用的数据挖掘分析思维模式。

首先是数据的抽象和概括思维。在数据挖掘和机器学习的过程中,大家都习惯在小的数据集上了解用户的需求,弄清楚问题的性质,首先对小数据进行实验和验证,然后把这些方式方法应用到大数据集中,但最终目的是让数据的整体支撑我们的逻辑、分析和验证,支撑我们的实际应用。但是,小数据和大数据之间还是有显著差别的,很多情况下,小数据的性质与大数据的性质并不一致,而且小数据和大数据的处理手段一般来说也不相同。通过小数据有可能掌握基本趋势和规律,但如果在实践中应用,个性化处理能力就不强,甚至完全不能提供个性化处理和服务。因此,我们需要具备数据的抽象和概括思维。

其次是数据的领域变换思维。离开了应用领域,大数据及数据挖掘就没有任何生命力。统计学和数据挖掘都可以分为两个方面:一是如何在领域中定义一个数据分析的问题,以及如何把分析结果应用到领域中创造价值;二是分析的手段,也就是我们通常所说的"挖掘"技术。在数据挖掘学习过程中,我们发现大部分人热衷于对分析手段的学习和研究,而对于前者并不关心。为此,需要我们具备迅速发现领域需求和通过数据挖掘技术真正解决领域需求的能力,这样才能真正掌握数据挖掘。

再次是使用和制造数据分析工具的思维。对于海量数据、大数据,肉眼观察已经无法理解、掌握和分析数据,难以发现数据中的规律,以及无法应用数据规律解决实际问题的业务脉络,必须借助于分析和展现工具软件,需要具备合理利用工具的思维方式和能力。所有的分析挖掘工作全部借助于已有的软件包,如果没有合适的软件包,或者软件包如果不具备相应的功能,则分析工作无法继续。

最后是数据的计算思维。所有的数据挖掘问题最终都要落实为计算问题。一方面,在大数据量场景下,对计算的效率要求是越来越高,这导致在小数据量场景下完美运行的许多挖掘过程在大数据量场景下不具有可行性;另一方面,由于从一开始就要考虑到数据量的大小,为了使挖掘过程对数据具有可扩展性,我们会把注意力和精力放在对数据量的考虑和处理上。这两方面都会严重制约数据挖掘过程的顺利实施和有效应用。

基于这些数据挖掘来分析思维模式,现在普遍应用的数据挖掘技术主要为以下五种。

(1) 关联规则

关联规则使用两个或多个项之间的关联来确定它们之间的模式,关联通常用于销售点系统,确定产品之间的共同趋势。例如,超市可以确定顾客在买草莓时也常买鲜奶油,反之亦然。这是一个非常简单的方法,它可以提供许多企业日常使用的信息,来提高效率和增加收入,应用领域还包括物品的实物摆放组织、市场营销和产品的交叉销售与上销等。

(2) 分类

将大量数据根据其特点进行划分,将具有不同特质的数据划分为不同种类,从而将数据库中具有的数据根据其特点放置到特定的、规定的类型之中,利用时再进行分类调取。目前,网店店主常使用这种方法通过用户的购买记录对用户进行分类,从而向用户推荐合适的商品来提高店铺的销量。分类法一般应用的数据都具有一定的规律,这类数据容易进行分类,采用分类法进行数据挖掘效果好。

（3）聚类

聚类是将数据记录组合在一起的方法，这样做通常是为了让最终用户对数据库中发生的事情有一个高层次的认识，查看对象分组情况可以帮助市场细分领域的企业。举个例子，可以使用聚类将市场细分为客户子集，然后每个子集可以根据簇的属性制定营销策略，如在一个簇中与另一个簇中的客户的购买模式的对比。

（4）决策树

决策树用于分类或预测数据。决策树从一个简单的问题开始，它有两个或多个答案，每个答案会引出进一步的问题，该问题又可被用于分类或识别可被进一步分类的数据，或者可以基于每个答案进行预测。例如，应用决策树分析手机供应商如何分类流失的客户，或不更新手机的客户。

（5）序列模式

序列模式识别相似事件的趋势或通常情况发生的可能，这种数据挖掘技术经常用来预测用户购买行为。许多零售商通过数据和序列模式来决定用于展示的产品。在购物篮的应用中，可以使用这些信息自动地根据浏览频率和过去的购买历史记录预测某些商品是否会被添加到购物篮中。

在大数据时代，数据的处理与传统的处理方式有着显著的不同，数据挖掘更注重对全体数据的挖掘，而非抽样样本的数据、更注重处理的是效率而非绝对精度。应用数据挖掘技术的流程，可以概括为以下四个流程。

首先是数据采集。大数据的采集是指运营端接收来自客户端的数据，然后用户可以对这些数据进行简单的查询和处理工作。在大数据的采集过程中，由于同时可能会有成千上万的用户进行访问和操作，所以数据采集面临着并发数高的挑战。例如，春运期间的火车票售票网站，用户同时的访问量在高峰值时可能达到上百万，甚至会出现服务器系统失灵等现象，所以就需要在采集端提前部署大量数据库信息才能够避免这种情况的发生。

其次是数据存储。互联网数据以"大"为最基本的特点，所以存储起来需要一定的模式和处理系统。目前，除了互联网企业外，数据处理领域主要还是传统数据库管理系统，随着移动互联网的出现和快速发展，再加上数码设备的大规模应用，目前数据的来源主要是通过设备、服务器产生的。机器产生的数据正以几何级数增长，如基因数据、定位数据、图片、医疗数据等，这些数据以非结构化、半结构化为主。近年来，通过扩展和封装 Hadoop（分布式系统基础架构）来实现对互联网大数据存储和分析，对于非结构、半结构化数据处理、复杂的数据挖掘和计算模型，大数据的内容是多样的。

再次是数据分析与挖掘。大数据的数据挖掘与传统的数据挖掘方法也存在一定的差别：第一，在大数据平台下，数据的大体量在进行挖掘时需要更高的时效性；第二，数据的多样性的特征对模型的绝对计算精度要求会降低，所以可以通过相对计算精度的提升在全样数据上获得更高的计算精度；第三，大数据平台下的数据挖掘可以没有什么预先设定好的主题，主要是在现有数据中进行基于各种算法的计算，从而起到预测的效果，实现一些高级别数据分析的需求。

最后是数据的可视化。对于数据挖掘最困难的一步就是数据展示和解读数据之间的关系，清晰有效地传达沟通数据信息。大数据可视化旨在利用计算机自动化分析能力的同时，充分挖掘人对于可视化信息认知能力的优势，将人、机各自的强项有机地结合，借助人机交互式分析方法和交互技术，辅助人们更为直观和高效地洞悉大数据背后的信息、知识与智慧。

基于以上对大数据挖掘思维和数据挖掘技术的基本介绍，接下来从这个角度切入，分析企业如何利用大数据挖掘技术进行精准决策。

通过了解以上的数据挖掘流程可以看到，大数据不仅能够激发人们对于数据新认识与新应用的热情，而且也引发了人类对经济发展、社会运行和生产生活的重新审视。因此，企业只有从思想观念上加强对大数据的认识和重视，并且准确把握其思想内涵和精神实质，能够灵活运用数据挖掘的思维和技术，并且积极地探索"精准"决策的新经验并加以实践，才能有效打破数据壁垒和数字鸿沟，畅通数据双向交互的渠道，进而提高公众获取公共数据资源的效能，同时提高精准决策的效度。

百度率先运用了大数据挖掘思维和技术进行了科学精准的决策。百度与深圳市家具行业协会合作，率先在行业内首发《中国家具消费需求大数据》，依托百度旗下的众多信息平台，掌控了亿万量级的消费者信息，多维度分析消费群体的搜索趋势、搜索行为、兴趣偏好等，帮助行业实时了解消费者热点需求、把握行业动态，从而帮助企业应对市场变化。

换句话说，当企业导入百度大数据，百度信息平台就能给企业提供所需的消费人群分析、消费行为分析、品牌偏好分析及风格趋势分析等，从而精准掌握消费者及市场动态，为企业研发设计、品牌推广等提供决策依据，从产品材质、设计到营销渠道、活动策略、品牌推广，精准地服务于目标群体。

同时，百度大数据将市场终端消费信息接入企业管理平台，这不仅提高了决策效率和成功率，而且大大减少了成本机会，还可以结合市场发展大趋势找到企业改革与突破的方向，取长补短，持续提高企业竞争力。

可见，不管是企业还是行业，未来的发展方向都要以终端信息为依据。百度作为最重要的战略平台，依托百度大数据，能精准掌控市场和行业发展方向，进而为企业转型升级指引战略方向。

第二节　资源集聚与平台经济

关于云计算的定义，目前的说法并不统一。一种说法是云计算技术以分布式作为计算平台，采用分布式数据处理方法，从分布式存储、并行计算两方面双管齐下，在大量数据中挖掘数据背后蕴藏的价值，并且有效地解决数据存储、计算、容错等内容要求。在此基础上，谷歌提出了分布式文件系统理论并在行业中逐渐发展起来，此系统称为GFS，也可深层次解决数据搜索、存储、分析等问题的要求。另一个比较有代表性的观点来自美国国家标准和技术研究所（NIST）。这种观点认为，云计算是一种按使用量付费的模式。这种模式对可配置的IT资源共享池提供了可用的、便捷的、按需供应的网络访问。在这些IT资源被提供的过程中，只需要投入很少的管理和交流工作。

可见，云计算就像是一个资源聚集的领地，将处理好的数据信息快速、高效地传递给用户，从而带来便捷、实时的服务体验。当然，这也归因于它如下技术特点。

一是连接的广泛性。云端的IT资源一旦配置完成，云服务的使用者可以通过多种设备终端、不同的传输协议、不同的接口访问云资源。云服务的使用者可以自由地访问这些资源，而云服务的提供者不需要有更多的介入。

二是云计算在数据储存方面进行了改善，采用分布式储存的方式。分布式储存是较为灵活的储存方式，主要是冗余储存，将同一份数据储存多个副本，具有安全性和可靠性特点。另外，其将计算任务分布在多个模块，分别计算处理后再进行整合，具有高效性的特点，能够满足人们对数据储存的需求。

三是云具有多租户性和资源池的特性。云服务的提供者会把很多IT资源放在一个资源池中，满足不同的用户需求，让用户们各取所需，灵活调用自己的资源，不会相互干扰。

四是云的可度量的使用。也就是说，云计算服务需要像水、电那样，可以清楚地记录其使用状况，按照使用状况进行收费。

在很早之前，谷歌的创始人谢尔盖·布林和拉里·佩奇就构想出跨越全世界的信息网，供人们随时随地访问，用户只需要将搜索指令通过互联网发送到谷歌的大型服务器集群上，完成之后就可以得到结果。因为在这之前，用户的电脑运算能力取决于用户各自的电脑硬件、服务器和硬盘存储的大小，而且那时候只有一些大企业和一些科研机构才用得起电脑。

随着云计算时代的到来，谢尔盖·布林和拉里·佩奇的构想成了现实，这就大大降低了用户端的电脑成本，用户只要电脑能连上网，就可以共享中央服务器海量的空间和可以随时随地下载更新最新的应用软件。摩尔定律虽然对于大幅度降低价格、普及电脑的使用功不可没，但如果没有云计算带来的新商业模式，互联网世界肯定不是"平"的。

从企业的角度来讲，应该以一种"平台"经济来看待云计算。在云计算之前，企业如果想要通过互联网来建立企业与客户的联系，就必须成立自己的IT部门，购买域名空间甚至服务器，雇用IT从业者来实现这个目标。如今在云计算时代，企业只需要注册自己的微博、微信公共平台就可以实现。更重要的是，这些都是免费的，不再需要雇用懂IT的工程师，任何人都可以很容易学会，不仅节约了企业的成本，而且提高了效率。

说云计算似电网系统，但实际上又非电网系统。在电网系统里，生产电和使用电是分离的，电由发电厂利用它们的发电设备进行生产，然后通过电网系统把电输送到千家万户，如果你们小区都没有电，你家也不可能会有电。但是，互联网则不同，云计算建立在"分布式计算"的基础上，这个系统更像交通系统。如果从A地点到B地点因为施工或者车祸等原因无法通过，但并不会影响你到B地点，你完全可以通过先到C地点然后到B地点，也就是我们常说的"绕路走"。

总而言之，云计算就是建立在庞大用户群体参与之上的，他们分享各自的资源信息，然后使所有资源整合聚集在一起，能够使得信息涌现足以满足所有人的信息需求。

与此同时，云计算也反映出了一个问题，就是使用者的数据安全问题。可以这样讲，在互联网服务提供商保持中立的情况下，使用者越多，每个使用者就越安全。

举个简单的例子，如果在一家超市只有你一个顾客，那么这家超市的营业员很容易记住你每天购买的物品，并基于此对你的个人隐私进行推理，从而得知这位顾客一些不可告人的秘密，或者进行隐私侵犯。但是，如果这家超市每天接待上千位顾客，也许会通过监控设备对你的行为了如指掌，但不会每时每刻地关注你。除非你是小偷，不然这家超市的营业员是不会对你在超市里产生的信息数据感兴趣的，即使感兴趣，概率也会大大降低。

可见，云计算是一种"中心化"的思维，这里的"中心化"绝非中央集权式的，而是云计算使得计算和数据存储从私人能力转向一种"公共能力"。换句话说，就是使资源集聚起来，然后提供一个平台供人们搜索和了解信息。

随着信息时代的大踏步到来，信息交换已成为一种常态，社交网络、搜索引擎等都已经成为人们生活的一部分，云计算使得所有用户的信息和在互联网上的冲浪痕迹都能够在云端被"统一"存储和计算分析，并使得数据形成规模，最终成为一种可以为这个世界带来价值的资源，而大数据时代的来临和数字经济也将建立在"云计算"的技术支撑之上。

第三节 信息感知与万物互联

物联网是新一代信息技术的重要组成部分。随着物联网技术的出现、发展、成熟将大大改变人们现有的生活环境和习惯，使我们生活的整个社会的智能化程度越来越高。在不久的将来，物联网技术必将会引起网络社会结构的重大变革，与之相关的各类应用将显著提高整个社会的信息化和智能化水平，也将进一步增强服务社会的能力，从而不断提升我国的综合国力和国际竞争力。

物联网属于新生代网络，用万亿节点来表示对象，在不同传感器设备、网络服务器、超级计算机集群中进行数据的传递、汇总、应用。物联网这种新型科技，既包含计算机技术、通信技术，又展示了网络的发展方向。物联网中可通过对物理对象的利用，形成无缝信息网络，利用网络服务加强"智能对象"之间的联系，在安全保障下，解决用户的不同需求。

换句话说，物联网是在互联网的基础上，利用射频自动识别技术、无线数据通信技术等，构造一个覆盖世界万事万物的网络。在这个网络中，物品（商品）能够通过传感器进行"交流",而无须人的干预,通过互联网实现物品（商品）的自动识别和信息的互联与共享,从而实现信息交换和通信的一种网络。普通的日常用品因为连接而获得了新的生命,它们甚至将具有学习能力,可以通过感知、学习来根据用户的特点对自身的行为做出相应的调整。

传感器可以说是物联网最为基础的组成部分,就好像是人的五官和四肢。正因为传感器的存在,物品才能采集到足够多的信息,最终上传到整个网络的"大脑"。随着信息科技的飞速发展,未来可能有成千上万的传感器被嵌入现实物质世界的各种物品之中,那么无所不在的传感器就会感知、分析来自世界各地的数据,把整个人类、物质世界连接起来。目前5G技术（第五代移动通信技术）发展之快,必将助推物联网的快速发展,进一步提高物联网的数据采集和信息感知的能力。

物联网时代的到来,让人类生产生活中的信息连接方式发生了重大变化。更重要的是,众多传统商业模式也在很短的时间内被完全颠覆。但在颠覆的同时,也造就了大量新的商业思想和模式,成就了一批新型公司。与同样发展迅速的互联网相比,物联网的到来对人类社会的改变更为全面和深刻。互联网只是实现了人与信息的连接,而物联网则不仅将人与信息连接,而且为多种物品的连接提供了一个全新的平台。可见,物联网使整个世界变得更像一个生命体,而不是一个冷冰冰的物质世界。同时,物联网所带来的不仅是人们生活上的便利,而且也蕴藏着大量的商业机会。

在交通领域,车联网就是运用的物联网技术,通过先进的传感器和控制技术等实现数据采集,然后实时监控车辆运行状态,从而降低交通事故的发生率。例如,在道路交通方面,以图像识别技术为核心,综合利用射频技术、标签等手段,对交通流量、驾驶违章、行驶路线、道路的占有率等数据进行自动采集和实时传送,相应的系统会对采集到的信息进行汇总分类,并利用识别能力与控制能力进行分析处理,对机动车牌号和车型进行识别、快速处置,同时为交通事件的检测提供详细数据。这样的集成交通运输管理体系,使人、车和路能够紧密配合,不仅改善了交通的运输环境、保障交通安全,而且还提高了资源利用率,也会给未来的智能交通领域带来了极大的便利。

在农业领域中,物联网的应用也非常广泛。智慧农业就是利用物联网、人工智能、大数据等新一代信息技术与农业进行深度融合,实现农业生产全过程的信息感知、精准管理和智能控制的一种全新农业生产方式。应用较为广泛的是可以实现农业可视化诊断、远程控制和灾害预警的功能。例如，通过物联网的连接，可以检测地表温度、家禽的生活情形、农作物灌溉监视情况、土壤酸碱度变化、降水量、风力等，从而进行合理的科学估计，为农民在减灾、抗灾、科学种植等方面提供了很大的帮助，完善农业综合效益。

在医疗卫生领域中，物联网的应用是通过传感器与移动设备的连接，对生物生理状态进行捕捉。新技术的应用必须以人为中心，而物联网技术能够有效地帮助医院实现对人和对物的智能化管理。例如，将心跳频率、体力消耗、葡萄糖摄取、血压高低等生命指数记录到电子健康文件里，不仅方便个人或医生进行查阅，还能够监控人体的健康状况，而且把检测到的数据传输到通信终端上，也可以节省医疗开支，使得人们的生活更加轻松。这是物联网对传统医疗设备进行的数字化改造，实现了数字化设备管理、监控以及电子病历查阅等功能。

在互联网的时代，人们常说，由于网络的出现造就了一个相对独立的数字世界。然而，数字世界的出现并不能满足人们控制现实世界的深层需求，这就为物联网的出现做好了铺垫。物联网使得虚拟的数字世界与现实的物质世界整合为一，处于这一网络中的物品像被赋予了"读心术"一般，不仅能感知用户的需求和情绪，而且还能根据判断自动做出响应。智能家居领域就是一个鲜活的例子。物联网应用于智能家居，能够对家居类产品的位置、状态、变化进行监测，分析其变化特征，同时根据人的需要，在一定程度上进行反馈。试想，当你拖着疲惫的身躯回到家时，房屋的空调早已开启并设置到了合适的温度，灯光被调节到适合放松的颜色和亮度，这样的场景过去只能出现在科幻电影当中，现在已成为现实。因此，物联网的出现既是互联网及其相关技术发展的结果，也是基于人性的必然。

第四节 "智能+"与智能经济

在"人工智能"概念提出60多年后的今天，人工智能在智能制造、智能金融、智能医疗、智能政府等众多领域都取得巨大突破，一些困扰人类多年的重大经济、社会问题也有望得到解决。可以说，这是一场科技革命推动的智能革命。为此，我们要把握好新科技革命和产业变革的历史机遇，完善体制机制和政策环境，推进"智能+"与实体经济的深度融合，加快数字经济和智能经济的发展。

"智能+"的重点领域是制造业。制造业是实体经济的主体,是技术创新的主战场,也是供给侧结构性改革的重要领域。一方面,制造业需要"智能+",只有深度融合人工智能、物联网、大数据、云计算等数字技术,改进技术装备,才能提升生产效率,优化制造的模式,进而促进我国制造业的数字化发展,扭转当前我国制造业大而不强的局面。另一方面,"智能+"也需要制造业这个大舞台,制造业领域的需求能够为"智能+"相关的新一代信息技术和新一代人工智能技术产业提供庞大的市场,从需求端倒逼智能技术进步,同时在与产业融合发展的进程中找到新的突破点,推动智能产业自身蓬勃发展和壮大。

"智能+"与金融的结合无疑是对传统银行业的有益补充,能够提高其服务质量,高效而又便捷地将资金需求方与供给方连接在一起,省去了传统模式中不必要的中间环节。智能金融以速度快、成本低、个性化服务等优势在银行业内发展迅速,并孕育了新的商业模式。各种手机软件的上线,银行的支付业务、借贷业务和投资业务等多方面已经受到冲击。新形势下,银行网点的服务重点正向着客户体验主导型转变,银行开始加大对数字化、智能化研究的投入,努力构建适应客户需求、实时变化的"智慧银行",积极推行新型智能化自助设备改造服务流程。

随着语音识别、自然语言处理等人工智能技术的深入发展,一批特殊的银行客服人员正逐渐进入大众的视线。例如,客服机器人已从第一代的问答为主发展到融入深度学习技术的智能客服机器人,不仅能理解客户语言的上、下文含义,而且还具有自我学习理解能力,能够理解口语化问题。

在日本,三菱东京银行的智能机器人"NAO"自2016年3月开始了接待顾客的工作,除日语外,它还可以用英文、中文等19种语言进行服务,能够提供外币兑换、自动取款、银行开户等基础服务,还可以通过跳舞、摆造型等方式让客户的等待时间不再无聊。

在中国,各大银行的智能客服也正在试点运行,完善功能。民生银行的智能客服机器人小"ONE"于2016年9月起在北京分行营业大厅上岗,能够办理几乎所有的大堂常规业务,还可以帮助顾客进行业务分流,同时提供公众教育服务、贵宾服务、等候区引导等其他服务事项,民生银行下一步致力于将小"ONE"继续升级和优化,计划实现全天候远程监控、客户识别、厅堂管家等功能。

除了智能客服以外,人工智能技术还可以成为用户与金融产品的桥梁,将人工智能和投资顾问结合,产生智能投顾。在平时的生活中,可以看到各式各样的"猜你喜欢",如视频网站会推荐个性化的影视节目、电商会推荐个性化的商品。随着机器学习的广泛应用,在智能理财领域的智能投顾也能搜集到各类数据,然后识别用户的风险偏好,进而可以根据用户不同的风险偏好提供个性化的投资方案。

人的风险偏好可能随时发生变化,外部环境以及个人、家庭的突发事件都可能会影响用户的风险偏好,但是这些影响因素都可以被量化和记录。智能投顾就是利用人工智能算法,经计算得到一条动态变化的风险偏好变化曲线,使用计算机完成传统由人工完成的理财顾问服务,最终定制其个性化的投资方案。

智能投顾的使用并不需要太多关于金融市场和金融产品的知识,或者经过严谨的问卷调查和评估。智能投顾只要根据客户的年龄、性别、收入、心理特征的差异就可以了解客户的风险偏好。与传统投资顾问相比,由于最终目标是服务于大量客户群体,产生规模效益,因此向客户收取的费用相对较低,很多国内的智能投顾甚至没有服务费,因而大大降低了成本。

"智能+"与医疗的结合实现了医疗过程的信息化、数字化和智能化,即实现患者与医务人员、医疗机构、医疗设备之间顺畅的互动。长久以来,我国医疗资源不足、分布不平衡的问题十分突出,而AI技术的融入有助于弥补人才缺口和资源缺口。比如,目前已经较为成熟的智能诊断辅助系统,可对多种癌症、冠心病等疾病进行筛查。科大讯飞等企业推出的电子语音病例、导诊机器人等智能医疗产品,都可以在一定程度上把医疗工作者从技术难度不高且比较耗费时间的工作中解放出来,提高实际诊疗效率。未来,以物联网、AI技术、云计算等为代表的新一代信息技术,推动医疗过程向高效率、移动化和个性化的方向发展。

"智能+"对提升政府治理能力具有深远的意义,为提高政府效率提供了技术支撑。如果借助人工智能执行常规任务,如格式化、自动归类、流转、审批等,政府效率至少可提高20%。这方面我国已有不少成熟的案例,如广州"全程电子化商事登记系统",在智能机器人终端上办理营业执照,从申报、人脸识别、电子签名、智能审核到领取,全程只需要10分钟。"智能+"还可以帮助提高政府决策科学化水平,为政府处理海量数据,通过机器学习和精准算法,对数据进行全面科学的分析整合,从而提出前瞻性解决方案。目前,我国人工智能决策辅助系统在税务稽查、投资决策、宏观人口预测、社会公共资源配置等领域已有大量应用。

智能经济是以大数据、人工智能和信息网络为基础、平台和工具的智慧经济,是智慧经济形态的组成部分,突出了智慧经济中智能机和信息网络的地位和作用,体现了知识经济形态和信息经济形态的历史衔接。而"智能+"时代的到来，契合智能经济发展步伐，并且能够促进智能经济的快速发展。

第三章　数字经济与区块链

也许我们还在追忆被称为"人类最后的希望"的柯洁与AlphaGo鏖战三轮，最终总比分0∶3柯洁败于AlphaGo——这个难忘的人工智能元年的代表作。2017年年末至2018年年初，各大媒体都已经开始把目光投向了来年的热点。

最引人瞩目的是2018年2月26日《人民日报》用整版的篇幅报道了区块链，大篇幅解读了区块链的定义、作用以及对区块链技术的展望，并发表署名文章《抓住区块链这个机遇》《做数字经济领跑者》。这是继2018年1月23日，《人民日报》（海外版）发文《区块链为啥这么火》之后，再次重磅报道区块链技术。"两会"期间，部分人大代表、政协委员也就区块链这一近期热议话题发表了自己的看法。马化腾、周鸿祎、丁磊等在两会期间的有关言论同样引发了诸多讨论，其中他们对于区块链技术的关注更是很多媒体竞相追逐的对象。"区块链+"成为2018年的热点或者说2018年是"区块链+"的元年已是不争的事实。

区块链离我们越来越近，我们需要追根寻源。

当今，生产、生活、消费等各个领域都已经离不开互联网，互联网成为这些领域的"标配"不会有人反对。例如，移动终端的普及，使得UGC（User Generated Content，用户生产内容）成为司空见惯的事。当我们遇见美不胜收的景色时，总是想到与朋友分享，于是留下了记录这一瞬间的图片、视频包括声音，并上传到云端（Cloud）——互联网使得这一切轻易实现。业余队如是，商机乍现，于是，专业队也涉足进来，产生了专业生产内容（Professionally-Generated Content，PGC，也称PPC，Professionally-Produced Content）。进一步，有了职业生产内容（Occupationally-Generated Content，OGC）。众多的内容生产渠道，通过互联网进行传播，循环往复，产生了大量的信息，大数据相关领域就应运而生。随着大数据时代的到来，也使得互联网的信息传播更加具有穿透性。

第一节　产业数字化

互联网对现实世界的影响不言而喻，但是我们对互联网（Internet）的认识可以从互联网这个词说起。

首先，互，代表互通，指的是可连接特性，但还不是"完成时态"，原子世界如果不具备可连接性，就根本谈不上连接了。

一个城市中的立交桥，使城市能够四通八达。假如我们从 a 经过立交桥到达 b，而从 b 想返回到 a 非常困难，那么这样的设计一定是很失败的。这里可以比喻为互联网世界的可连接性是非常重要的，即使因为当时的某些因素不能进行实际的连接（如安全的要求），如果这些因素消除后，就能够快速建立起连接关系，信息的传递也就可以很容易流动起来，提升了竞争过程中获胜的优势。

其次，联，指的是连接的状态，代表了协同、自律，是一种生态，不单指狭义的人与人、机器与机器、人与机器的连接。广义的联，包括了联盟、协会等社会组织。正在连接的有效路径越多，可以获取的资源也就越多，在竞争的过程中取得胜势的概率就越大。

最后，网，指的是网络，泛指包括网络在内的物理及物质资源，包含了物质的、精神的内容（当然也包括法律、法规等体系）。在连接中传递的内容和效率，形成自身的商业模式，这也是最后形成价值链的关键。

因此，在物质世界提到的互联网，应该是"互""联""网"三个层次的叠加，缺一不可。

第二节　数字经济时代

中共中央政治局于 2017 年 12 月 8 日下午就实施国家大数据战略进行第二次集体学习。在学习时，习近平总书记强调，大数据发展日新月异，我们应该审时度势、精心谋划、超前布局、力争主动，深入了解大数据的发展现状和趋势及其对经济社会发展的影响，分析我国大数据发展取得的成绩和存在的问题，推动实施国家大数据战略，加快完善数字基础设施，推进数据资源整合和开放共享，保障数据安全，加快建设数字中国，更好服务我国经济社会发展和人民生活改善。

"数字中国"是一个宏大的目标。由此可见，数字经济在如今我国社会发展的阶段何等重要。从媒体的相关报道中也可看出产业数字化、数字产业化，最后达到数据资产化、资源化的路径。

按照百度百科的定义，数字经济指一个经济系统，在这个系统中，数字技术被广泛使用，由此带来了整个经济环境和经济活动的根本变化。这与我们在产业数字化中提出的WSS模型的运行机制是一致的，也是与社会经济的基础理论吻合的。

在社会经济中，存在三个基本要素：

1) 生产资料：生产资料也指生产手段，是劳动者进行生产时所使用的资源与工具，包括土地、厂房、机器设备、工具、原料等。生产资料是生产过程中的劳动资料和劳动对象的总和，是进行物质生产所必备的物质条件。在比特世界中，笔者认为小到服务器，大到物联网及前面提到的WSS模型下的大数据，都可以看作生产资料。

2) 生产力：按照恩格斯的观点，生产力是具有劳动能力的人和生产资料相结合而形成的改造自然的能力。人工智能的出现，使得人的能力就像从前有了各种工具一样得以提升，因此，我们可以把人工智能当作生产力。

3) 生产关系：生产关系指人们在物质资料的生产过程中形成的社会关系。它是生产方式的社会形式，包括生产资料所有制的形式、人们在生产中的地位和相互关系、产品分配的形式等。其中，生产资料所有制的形式是最基本的、起决定作用的形式。

区块链的本质是一个账本，当一个商品、一个行为、一个交易开始时，可以产生一个区块（Block），它的整个生命周期被详细地记录下来形成了一个链（Chain）。这个账本是在互联网上是可以进行多方复制的，所以叫作分布式账本，已不只属于任何个人、组织或机构。因此比特世界中的"大数据"的所有制形式就被有效地保护和继承。

网约车的出现，其初衷解决的是打车难的问题，参与方涉及乘客、司机与平台三方。它实际上是提供了两种价值的平台：一是基于大数据自动生成乘客和司机的匹配关系；二是提供一个大家信得过又必须尊重的支付系统。这样带来的变化是，此前的司机与出租车公司的关系变为了与平台的关系，并且乘客还可以转换为司机（这里可以称为Prosumer，既是消费者又是生产者），而且乘客的体验成了最好的传播。这样的生产关系的变化，带来了出租车行业的颠覆性改变。

但是实际的运营过程中出现了很多的问题，比如网约车司机利用外挂进行刷单欺诈等，使许多乘客得不到应该得到的服务，同时平台由于经营的压力（前期烧钱补贴，规模化后技术、营销、风控的支撑成本等），最终这个钱其实是由消费者买单（平台方从交易额提成）。于是当新的生产关系对快速发展的生产力形成了不匹配时，这个中间环节又会面临变革，这个变革能否交给区块链来完成？首先，网约车生态链的形成，不再属于一个独立的公司、机构实体，而是整个的互联网（公链）。其次，它的信用来自区块链协议本身，而且是在互联网上达成共识。于是，这样的中介服务费（平台交易额的提成）也会不复存在。一个最大的变化是，新的生产关系已经变成了点对点的连接关系。

当然，这样的状态是个理想的终态，中间的演变过程，可能是有多个不同的中心，当不同的中心相互融合后，才会逐渐去掉部分中心。这样改变带来的好处非常明显：第一，降低了交易成本；第二，降低了作弊的风险；第三，去中心化的方式也提高了技术的可能性并且保护了数据的隐私。

通过上述生产关系的逐步迭代，产生了我们在前述"产业互联网的全景图"中提到的真正的生产性服务业业态——产业边界模糊、生产链条分解、组织形态异化、网络社会崛起。

我们知道，"数字经济"是指使用数字化的知识和信息作为关键的生产要素，以现代信息网络作为重要载体，以信息通信技术的有效使用作为效率提升和经济结构优化的重要推动力的一系列经济活动。其中，互联网、云计算、人工智能、物联网、金融科技、区块链等技术应用在经济活动中，达到灵活、敏捷、智慧和高效。

我们从网约车的案例从数字经济的角度看这样一个现象，大量的异质企业借助互联网、大数据已经通过区块链融合在一起，形成了一种强相关又不是此前公司意义的控制关系的融合体，按照一种共识的机制协同运行，成了一种新型的产业生态。

从农耕时代的个体经营，到工业时代的规模化、专业化直到公司化，其着眼点是在一家公司的经营潜力的挖掘上，即使到了企业结构化的改造，进行区域化的扩张，再到跨行业的产业重组，也还是为了本企业（或集团）的利益。在企业的发展方面，存在股权的控制、话语权的争夺，增大了企业的摩擦成本。即使以一个核心企业打造一个生态平台（就像前面提到的网约平台），重塑一个供应链，不仅仍然不能减少这样的摩擦成本，同时企业间的协同也是因为参与感、存在感，由于中心化的原因降低运营效率。

第四章　大数据驱动下的数字经济

随着新一代信息技术的快速发展和广泛应用，大数据成为数字经济发展的重要支撑，在产业转型升级和经济高质量发展方面发挥着重要作用。全球数字经济的浪潮席卷而来，为我国经济发展带来了前所未有的机遇。紧紧抓住大数据这一驱动数字经济发展的强大引擎，加快布局数字化产业格局，持续释放数据红利，大力发展数字经济，具有十分重要的战略意义。

第一节　大数据挖掘技术应用于数字经济

数字经济是以数字资源为基础，以数字技术、信息技术为核心驱动力，通过信息网络连接形成的生产、消费等经济活动的总和。换句话来讲，数字经济的本质在于以数字化信息和技术为基础实现经济活动的数字化，是一个信息和商务活动都数字化的社会经济系统。从技术层面、产业层面、融合发展、创新创业方面来看，我国数字经济未来的发展态势一片良好。这不仅仅得益于良好的经济发展环境，而且还依赖于不断创新的数字技术。

随着大数据技术的不断发展和演化，在数字创新的过程中衍生出许多新产品和新服务，可以说数字创新拓展了传统产业的产品和服务创新功能以及内涵，数字化的生产方式将会成为未来各行各业的重要发展方向。这里不妨以大数据技术中的数据挖掘技术为例，来分析如何应用于数字经济的发展。首先，数据挖掘这种新技术自身在不断地演进，推动数字技术迅速发展；其次，国家现在数字技术产业体系发展得较为完善，所以使不断创新的数据挖掘技术及时应用于数字经济成了可能；最后，数字经济不再局限于原来经济产业本身，将更多地进入实体领域以及其他产业领域，所以数字经济的支撑引领作用不断凸显。在大数据时代下，数据挖掘技术已经广泛地应用到生产和生活的各个领域，使用数据挖掘技术发现大数据的内在价值也成了当今高科技发展的热点问题。无论在物流运输、道路交通方面，还是在金融、教育等方面都可以随处看到数据挖掘的影子。因此，大数据挖掘技术对于数字经济的迅速发展起着巨大的促进作用。

在数据挖掘技术中的优化技术可以应用于道路交通问题的有效解决。道路的交通状况与人们的出行关系密切，城市的快速发展、生活水平的提高、机动车的规模逐渐扩大，带来了交通拥堵、出行不便等问题。数据挖掘技术可以有效地解决交通道路和物流网络之间的优化问题。具体来说，就是通过数据挖掘预测模型中的"实时预测"来分析短期的交通状况，通过得到的预测结果提前采取相应的道路疏散措施，给陷入交通拥堵的驾驶人员带来了极大的帮助，同时使政府不用再花费更多的时间和金钱治理交通拥堵问题，促进经济社会更好地发展。

随着新一代信息技术的快速发展，网上购物的人越来越多，这同时带来了道路交通问题，频繁的物流运输会加剧道路拥堵，但将数据挖掘中的优化技术应用在这里将有效缓解这一问题。例如，京东是中国规模较大的在线交易平台之一，每年有大量的商品通过物流运输。但在人工智能的优化时代，京东已经开始使用无人机探测道路状况进行数据反馈，然后采用数据挖掘技术对反馈的数据进行分析，精准计算物流网络运输所需要的参数，进而轻松高效地解决物流运输中的问题。京东产生的中国第一个机器人快递员，就是一个成功的案例，它将第一个商品送至中国人民大学。随着日后交通网络长度、复杂性等方面的增加，实现无人驾驶的自动化策略难度大幅增加，所以不断创新的数据挖掘技术的重要性显而易见。

总之，通过数据挖掘技术可以帮助我们从复杂道路信息中获得高效的价值，从而不会因为道路拥堵的时间成本问题而减少经济收入。

数据挖掘中的识别技术可以应用于安全验证。自从20世纪50年代数字图像出现以来，它成为人类社会中必不可少的"数据"。在计算机应用中，数据挖掘在图像识别中的应用越来越普遍，代表性应用就是人脸识别和指纹识别。人脸识别通过对获得的信息库进行数据挖掘，进一步分析和处理可靠的、潜在的数据，充分准备资料的分析工作和未来的开发工作。数据挖掘技术的不断发展，打破了传统人工识别的许多弊端，这样的数据识别不仅拥有更高的精确性，提高安全验证的质量，还减少了人力成本的输出，高效地利用了资源，因此数据挖掘在识别人脸和指纹方向上实现的价值将会越来越高。

预测问题是各领域中研究最多的问题，其目的是通过历史数据预测未来的数据值或发展趋势。大部分历史数据是时间序列数据，就是按照时间顺序排列得到的一系列观测值，由于信息技术的不断进步，时间序列的数据也日益剧增，如气象预报、石油勘探、金融等，分析处理起来更加烦琐复杂，数据挖掘技术的使用可以通过一系列科学技术手段，对时间序列的历史数据进行快速分析，预测未来一段时间的变化趋势及可能带来的影响。

数据预测技术应用到网络游戏领域，可以在网络情况不佳的状况下保证游戏的运行流畅。具体来讲，客户端程序根据场景中各个角色的当前状态以及之前的几个状态，预测下一个状态，并让这些角色根据预测结果进行下一步行动，从而使得在玩家看来游戏仍然在正常运行。当网络情况好转，服务器更新的数据到达以后，就会丢弃旧的预测数据，并且根据真实的数据重新更新场景中的信息。

在大数据时代中，银行、证券公司、保险公司等每天的业务都将生成海量数据，采用当前的数据库系统可以高效地实现数据的录入、查询和统计等功能。以前，数据机构只是具备一些简单的查询、录入功能，但是面对目前急剧增加的数据量已经无法满足要求，所以将查询功能提升到利用数据挖掘技术挖掘数据价值、提供决策的层次显得格外重要。目前，随着数据挖掘技术的不断成熟，数据挖掘在金融行业的应用中是具有可行性的，已经将理论应用到相关的实践中了，包括预测股票指数、发现金融时间序列中的隐含模式、信用风险管理以及汇率预测等。

在生命科学领域，大数据挖掘技术也有重要作用。生物信息学是一门交叉学科，融合了生命科学、计算机科学、信息科学和数学等众多学科。随着科学的发展、技术的提高及结果的优化，已经可以将高科技信息技术拓展到生物研究领域。但是，单纯凭借原有的计算机技术是远远不够的，需要以计算机科学做辅助，将生命科学、信息科学和数学等交叉学科融合在一起，通过数据挖掘技术进行处理，仔细分析生物数据之间的内在联系，才可以挖掘生物数据内部的潜在信息。

生物信息数据的特点有很多，包括数量大、种类多、维度高、形式广和序列性等。当前，生物信息学的热点包括从以序列分析为代表的组成分析向功能分析的转变，从单个生物分析的研究到基因调控的转变等。人类目前在生物基因组计划中的研究，仅仅是冰山一角，未来在差异基因表达、癌症基因检测、蛋白质和 RNA 基因的编码等生物基因方面的研究工作都将与数据挖掘技术密不可分。因此，只有更好地利用数据挖掘技术，才可以挖掘出生物基因组中的非凡价值。

无论是在物流、交通方面，还是在社会安全、教育等各个领域，每一时刻都会产生海量数据。社会存在过多的不确定性因素，导致处理的数据类型越来越繁杂，而数字经济又是要以数据为驱动的。若仅采用计算机辅助，用传统的处理方法解决实际问题依然存在局限性，如果通过数据挖掘技术解决大数据问题，就开辟了另一个途径。未来的时代必然是以"数据为王"，数据挖掘技术将会面临更加严峻的挑战，利用数据挖掘的相关算法处理实际问题和分析数据的需求会更加显著，熟练地应用数据挖掘技术就显得格外重要。因此，面对数字经济的飞速发展，将这项技术充分运用才是对数字经济最大的驱动力。

第二节 企业级大数据平台的构建

最近几年，大数据以迅猛之势融入生产和生活，同时企业也更加关注大数据的应用，实时的数据分析能力日益成为核心竞争力。大数据的范围比较广，可以是一个有限的集合，如政府、企业所掌握的私有的数据库；也可以是一个无限的集合，如社交网站、博客、论坛等上面的信息。在 IT 发展较快的互联网行业，大数据已经落到实处，逐渐发挥作用。在传统行业中，大数据也开始逐步实践探索，挖掘传统企业中的数据价值。大数据技术就是从各种各样大量的数据中，快速获得有价值信息的技术，包括数据采集、存储、分析挖掘、可视化等，而数据的价值主要通过数据的存储、处理、查询方面的能力来体现。

数据的存储问题，一直困扰着信息系统的建设。数据量小的时候，可能不会成为一个关注的问题，毕竟存储介质也是符合摩尔定律的，价格越来越低，容量越来越大。但是，对于超大量的数据，高昂的数据存储成本，也是低价值密度数据被抛弃的原因。随着技术的驱动、分布式集群和 x86 的发展，Hadoop 技术的逐渐成熟，给大数据的存储提供了生存的空间。由于大数据技术的推动，数据得以存储下来，具备了大数据的存储能力，为数据价值的发挥奠定了坚实的基础。

数据存储下来，就能发挥价值吗？远远不是。以前效率低下的、高成本的数据处理能力，是阻碍数据价值发挥的重要因素。不能在有效时间内对数据进行处理，数据就没有实际意义了。随着大数据技术的发展，大规模分布处理技术、Spark 内存技术日渐成熟，数据能够被及时有效地处理，有了真正发挥价值的空间。可见，数据处理能力的提升，对于缩小数据的规模、发挥数据的价值提供了有力的支持。

但是，对于需要直接对超大量数据进行查询的问题的解决，很多传统的存储系统是无法支撑的。Nosql 技术、Spark 等大数据新技术、新框架的出现，使大数据能够直接进行查询，有效支撑业务的发展，数据查询能力的提升，进一步加速了数据价值的实现。

从企业的价值实现层面来看，大数据有能力存储了，也能够处理和查询了，但企业数据的价值实现还需要真正使用到企业运营中去，并且为企业创造实实在在的价值。目前，以企业对数据的使用方式来看，一般可以分为两种：对内，对企业发展提供决策支撑，帮助企业高效地制定策略，支持一线营销管理工作，支持对目标客户的精准营销，拓展业务；对外，开拓数据的长尾效应，对数据进行整合、能力抽取，与合作伙伴进行合作，发挥数据的外在价值。

数据的价值是不言而喻的，已成为企业重要的信息资产。数据的存储也好，数据的整合加工也罢，归根到底是为了使用数据。要有效发挥数据的价值，就需要企业建设大数据平台，以更高效的方式应用大数据，促进企业更好地运营发展。

企业构建大数据平台，其实就是构建企业的数据资产运营中心，充分发挥数据的价值。简而言之，企业级大数据平台是整个企业层面的内部数据和外部数据等海量数据进行汇集、处理、分析、分享的设备、工具、流程等的有机组合，需要采集全企业层面的数据及相关外部数据，并对这些海量数据进行整合、加工、处理，并逐步形成数据资产，为公司进行企业决策管理和生产一线的营销工作提供完整、及时、准确、科学的信息支撑。

随着企业对数据、效率要求的逐步提高，也给大数据提供了展现能力的平台。首先，要建设企业的基础数据中心，就需要构建企业统一的数据存储体系、统一的数据建模，为数据的价值呈现奠定基础；其次，要进行数据处理能力下沉，也就是建设集中的数据处理中心，这样便可以提供强大的数据处理能力；最后，就是建设统一的数据管理监控体系，保障系统的稳定运行。

需要说明的是，有了数据基础还不够，还需要构建统一的大数据商业智能平台（BI）应用中心，满足了业务需求。BI 是达成业务管理的应用工具，没有 BI，大数据就没有了价值转化的工具，大数据又是 BI 的基础，没有大数据也无法把数据的价值呈现给用户，也就无法有效地支撑企业经营管理决策，所以两者是相辅相成的。因此，数据的价值发挥，企业级大数据平台的建设，最好是包括了大数据处理与 BI 应用分析建设的。

提到大数据，不可避免地会提到 Hadoop。尽管大数据并不等同于 Hadoop，但

Hadoop 确实是最热门的大数据技术。下面我们以最常用的混搭架构，来看一下如何搭建企业级大数据平台，支撑企业大数据的应用。

首先，利用 Kafka 作为统一采集平台的消息管理层，灵活地对接、适配各种数据源采集，提供可配置的数据采集能力。

其次，利用 Spark 和 Hadoop 技术构建大数据平台最为核心基础数据的存储、处理能力中心。它可以提供强大的数据处理能力，进而满足数据的交互需求。

再次，利用 Sparkstreaming 构建企业发展的实时指标体系，有效满足企业实时数据的需求。

最后，利用 RDBMS 提供企业高度汇总的统计数据，满足企业常规的统计报表需求。对大数据明细查询需求，可通过构建 HBase 集群，提供大数据快速查询能力，满足对大数据的查询获取需求。

技术只是承载业务的一种手段，无论采用哪种技术手段，归根到底是为了实现数据的价值。只有根据企业实际的发展需求，透彻分析企业的数据形态，才能更好地选择符合企业发展的技术架构，最大限度地满足企业发展需求，发挥数据价值，支撑企业决策，提高企业的综合竞争能力。

随着近年来大数据技术的发展，电信运营商已经在分析系统中引入了多种大数据处理技术，初步构建了基于高性能平台的主数据仓库、基于 x86 平台的 MPP 数据库和基于 x86 平台的 Hadoop 云混搭架构，满足平台对于互联网数据爆发增长的平滑扩展能力，在运维过程中逐渐锻炼新技术的掌控力。

安徽联通于 2016 年年底成功构建了数据融合的企业级大数据平台——智慧运营平台，目的是对内实现智慧运营、精准营销，对外实现价值变现。智慧运营平台基于"M+1+N"的理念构建，即 N 个可扩展的数据源，1 个企业级大数据融合平台，基于平台实现的 M 个对内、对外应用。简而言之，安徽联通在搭建智慧运营平台架构时首要考虑的是对融合数据的统一采集、统一存储、跨域数据的共享以及跨域数据的精品应用。安徽联通智慧运营平台采用的是 FusionInsight Hadoop 平台融合数据统一存储和处理、分布式共享存储，不需要额外的磁阵和双机软件，并通过云化 ETL 平台向数据仓库、实时查询库和流处理平台进行统一分发。另外，安徽联通智慧运营平台具有强大的租户能力（在一套服务器上运行某个应用实例能为多个租户提供服务，租户之间不感知），可以对用户进行权限控制和资源隔离，解决部门间大数据平台资源共享与数据共享困难，实现跨域数据的共享。

在企业级融合大数据平台不断更新迭代的时代，安徽联通紧紧抓住了大数据发展时代脉搏，在全国运营商中率先实现技术、架构先进的企业级融合大数据平台，敢于创新，最终实现了安徽联通的数字化转型及全业务流程的智慧运营，并基于平台的开放架构，与融合大数据领域合作伙伴合作，实现大数据对外应用的百花齐放。

第三节　大数据催生数字经济

有人将2013年称为中国的"大数据元年"，因为随着数据的广泛使用，大数据已经呈现出快速发展的态势，可以说以势不可当的姿态进入企业家的思维中，并在社会的各个领域开始了它的实践。2015年，大数据就上升到了国家战略层面。到2017年之后，大数据已渗透到经济和社会的方方面面，我国大数据产业的发展也进入爆发期。

随着云计算、物联网、人工智能与大数据技术的深入融合、政策和标准体系的完善、人才队伍的建设，以及应用场景和解决方案的丰富化和落地实施，未来的大数据产业也将迎来新一轮的增长。

目前，数字化信息和知识已经跨越了单一部门，渗透到了各个领域，出现了产业数字化和数字产业化两大趋势，也就是所谓的"双车轮"。数字产业化是指以信息作为加工对象，以信息技术为加工手段产生生产力，如信息通信业、软件服务业等，并不断向传统产业渗透。产业数字化是指第一、第二、第三产业等通过将数字化技术和产品融入传统生产环境中，促进产能和效率提升，通过互联网技术对于传统产业进行连接与重组，使传统产业与数字技术结合。换句话讲，产业数字化是通过技术完善数字化流程，把数字技术应用到不同行业的运营与管理中心，每一个传统行业都需要进行数字化革新，产品的生产、制作要与大数据、智能AI技术及区块链结合起来。产业数字化存在的意义在于：使大量数据、模型、决策信息平台化汇聚、在线化调用，系统之间实现互联互通操作，实现了业务系统的功能重用、快速迭代、敏捷开发、高效交付、按需交付等。

数字产业化可以说是继农业经济、工业经济之后新的经济形态，其重塑着中国经济新结构，深刻地改变着人们的生产和生活方式，并日益成为经济增长的新动能。

IDC（互联网数据中心）最新发布的《全球半年度大数据支出指南，2018H2》预测在2019年度，大数据与商业分析解决方案全球市场的整体收益将达到1896.6亿美元，相比2018年增长12.1%。IDC认为，在2019—2023年预测期内，全球大数据市场相关收益将实现13.1%的CAGR（复合年均增长率），并预计总收益于2023年达到3126.7亿美元。

数据显示，2018年数字产业化加速增长。2018年我国数字产业化规模达到6.4万亿元，在GDP中占比达到7.1%，在数字经济中占比为20.5%。随着数据的大量积累和分析手段的提升，金融、医疗、制造业、物流、交通等传统领域也加入了大数据的力量，开始实现自己的转型升级。此外，媒体、零售、餐饮等行业在大数据的促进作用下，也会产生新的运营模式和商业形态。

目前，大数据推动数字产业发展已经出现新的趋势，2019—2022年将是数字产业价值凸显和智能化发展的阶段。随着大数据技术以迅雷不及掩耳之势融入人们的生产生活中，人们对其重视和应用也会更加频繁和高效。在移动互联网、大数据、传感网和脑科学等新理论新技术的驱动下，推动构建数据驱动、人机协同、跨界融合的智能经济新形态是必然趋势。而对于数字经济这种以新一代信息技术为基础，以海量数据的互联和应用为核心，将数据资源融入产业创新和升级各个环节的新经济形态，数字产业的发展也必将带动数字经济进入数字化、智能化阶段。

以汽车产业为例，从汽车产业大数据到汽车大数据产业，大数据将会全面助推汽车产业变革。例如，通过大数据采集客户信息与特征、消费习惯和驾驶行为等，然后利用大数据分析技术为未来汽车设计、生产、制造和服务等带来建设性建议。而未来大数据信息平台的建设将成为汽车产业的顶层结构，充分控制产业的智能运转。车主集群平台、网络平台、软件平台、服务运营平台、信息提供平台、支付平台以及其他各种相关平台的建设，将形成综合的大数据服务交互管理平台，并基于云计算快速处理各种各样复杂的信息。这是通过大数据平台与服务运营平台的相互交融而形成的，构成未来产业运营的核心。因此，数据服务交互管理平台会变得至关重要。数字产业平台的建设大力提高了运营效率和经济效益：一方面，通过车联网平台可以最大限度获取车主、车辆以及交通等数据；另一方面，通过服务运营平台为车主提供线上和线下的内容、服务和移动支付。虽然这些平台的搭建及整合是大数据产业的难点所在，但同时也是未来必然的发展方向。

在大数据和人工智能时代，大数据在驱动数字产业化快速发展的同时，也通过实现产业数字化有力地助推传统产业向数字化和智能化转型升级，二者共同作用加速经济实现效率提升和结构优化。大数据不仅通过与传统产业的深度融合，深刻变革其生产方式和管理模式，提升其生产效率和自主创新能力，而且还通过推动不同产业之间的融合创新，催生新业态与新模式的不断涌现，实现数字经济的创新发展。

2018年产业数字化部分规模为25万亿元，同比名义增长23.1%，产业数字化部分占数字经济比重为79.51%。其中，2008—2018年中国产业数字化部分占GDP比重从8.8%提升至27.6%，其增长十分迅速，产业数字化部分对数字经济增长的贡献度高达86.4%。

在大数据和智能新时代，大数据不仅是重要的资源和资产，而且成为驱动整个社会运行和经济发展的新兴生产要素，在生产过程中与劳动力、土地、资本等其他生产要素协同创造社会价值。以工业大数据为例，其在工业制造中释放出的强大赋能效应，成功促进了制造业的数据化变革。随着智能制造与工业互联网的深入发展，工业产业开始了新一轮的全球性革命。互联网、大数据与工业的融合发展成了新型工业体系的核心，工业大数据的应用将带来工业生产与管理环节的极大升级和优化，其价值也正在逐步体现和被认可。目前，工业大数据在我国培育并发展了三年多，工业大数据公共服务平台建设已开始发挥效用，以工业大数据应用成功支持了工业企业推进大数据全生命周期、全产业链的升级应用，从而支撑智能制造和工业转型的升级。可见，大数据与实体经济的充分融合，成功推动了工业的快速智能化发展。未来三年，工业大数据将继续创新应用。其重点是加快工业大数据基础设施建设，推进工业大数据全流程应用，探索数据驱动的工业新模式，以及进一步深化工业云、大数据等技术在工业领域的集成应用，争取进一步释放工业大数据对智能制造的赋能效应。

大数据技术已成为发挥数据价值的使能因素。实际上，数据要素的市场价值提升和自生价值创造，都需要大数据作为支撑。以物流与供应链为例，随着大数据时代的加速到来，其数据呈现爆发式增长，面对海量的数据，大数据的采集、存储、分析技术就派上了大用场。在传统的供应链数据采集中，一般都是靠人工记录，得到的数据不够完整和及时，但是加入大数据采集技术后，这些数据采集器可以集成生物识别技术来区分各种用户数据，更加容易快速地采集数据。大数据的存储和分析技术的应用，能够及时地将这些复杂的数据归纳整理，充分提取出了数据的价值，为物流和供应链的运营提供了有力的支持。总之，使用大数据在物流与供应链管理中的应用对于做出正确供应链决策，降低企业风险，提高供应链灵敏度，以及减少成本等方面是十分有利的。随着数据采集与储存分析技术的日渐完善，大数据在物流和供应链管理中的应用研究也愈加深入。

政务大数据已成为提高政府服务效能的重要手段，将有力支撑政府和社会治理，为经济发展和产业数据化营商环境的建设提供了有力的支持。随着计算机、互联网等信息技术的发展与管理信息化的普及，政府的多种信息都快速地转化为信息数据，并快速地形成了内涵丰富的政府大数据。政府大数据数量庞大、种类繁多，包含了很多高真实性、高权威性、高专业性的信息，是各级政府扩展触觉点、提高敏锐度、提升决策水平与执政能力的重要工具和依托。目前，我国正在积极推动"互联网＋政务"，加速了电子政务、数字政府等政府大数据典型业态发展。具体来讲，我国正强化公共服务大数据应用，积极探索大众参与的数据治理模式，从而提升社会治理和城市管理能力。同时，地方政府也在不断加快推动政务信息资源互联开放共享的进程。可见，大数据在政务领域的应用在逐步深化，已经成为宏观调控、公共服务和社会治理的重要手段，有力地支撑了政府行政服务效能的提升。

目前，我国许多地方政府都制定了大数据产业和数字经济发展规划，有力地发挥大数据在经济发展、转型升级和治理中的作用，为数字经济的发展创造良好的环境条件。以广东省惠州市为例，2018中国国际大数据产业博览会发布《2018中国地方政府数据开放报告》显示惠州总排名居全国第26位，大数据产业发展浪潮已然给市民的生活带来明显变化。惠州以大数据产业发展中的关键问题为出发点和落脚点，已经将大数据应用到了各个领域，如智慧交通、智慧医疗、网上预约、支付等民生应用方面，《惠州市发展大数据产业总体设计方案（2018—2020年）》（以下简称《方案》）还提出在开展宏观调控决策支持、政府治理、公共安全、环保、精准扶贫、健康医疗、教育、交通、食药安全、文化大数据、社区服务11个领域的大数据应用，加快推动大数据与民生服务的融合。

在环保领域，大数据的应用能提升监测监管的水平，维护惠州的绿水青山。《方案》称，惠州将建立统一开放的环保大数据应用平台，集中各级环保部门，以及规划、城建、水利和工商等部门的数据资源，用于行政流程和环保监控，同时保证数据的真实性，杜绝监控数据造假、违法偷排等漏洞，推进资源开发、环境保护等规划"多规合一"。惠州还推行身份证、社保卡实名制诊疗，使医生能了解患者一直以来的身体状况。这便是大数据应用推动健康医疗的影响。在教育领域要建设惠州市教育监管监测平台，实现对全市教育资源配置、人才保障、教学质量和区域发展等方面进行全面、及时的数据监测，为教育宏观决策提供数据支撑。在社区养老方面，构建惠州市养老数据资源中心及应用服务平台。结合老年人多维数据分析，有针对性地提供医、养等多方面的个性化、智能化服务，使政府养老服务政策更精准、社会养老服务产品更丰富、家庭养老服务选择更方便，推动惠州养老事业和养老产业良性、健康发展。

总之，大数据正在深刻改变着人类的思维方式和生产方式。企业新模式、新业态的不断涌现，信息技术与经济社会的交汇融合和数据资源与产业的交汇融合等都显示着大数据已经成为数字经济新的生产要素，并不断地形成新的生产力，而数字经济也在全方位地体现着大数据价值。面对经济的数字化、智能化发展，大数据显然已成了重要的战略资源、重要资产和核心动能，为数字经济乃至整个经济的发展带来新的机遇。

第五章　数字经济下的理论创新

第一节　数字经济对传统理论的冲击

当传统经济理论赖以存在的经济基础受到了数字经济的巨大冲击时，数字经济下的许多问题可能无法运用传统的经济理论予以解释，传统的经济理论则需要得到重新审视与不断创新。总体来看，数字经济的发展给传统经济理论带来的冲击体现在对资源稀缺性、信息对称、理性人和完全竞争等基本假设与相关原理的冲击以及对从微观、中观到宏观的基本理论，如消费者理论、生产者理论、产业经济学理论、经济增长与经济周期理论等一些具体领域的冲击上。

一、对于经济学基本假设与相关原理的冲击

（一）对经济学基本假设的冲击

1. 资源稀缺性：从相对稀缺到相对不稀缺

在传统农业经济、工业经济时代，虽然经济发展与人类物质生活水平的提高得益于劳动者技能的提高和科学技术的发展，但更突出地表现为对自然界资源的掠夺性索取与破坏。这种发展方式不仅不可持续，会造成环境的污染和资源的大量耗费，还将给下代人的生活带来负担与压力。因此，在传统经济中，各类资源的获取需要付出大量成本，再加上资源相对于人类无穷的欲望而言总是稀缺的，这就是传统经济学资源稀缺性的基本假设。然而，在数字经济时代，数据将成为最重要的关键性资源，其不仅具有非排他性，可被多人同时重复利用，而且可以再生与急剧增加，因此资源的稀缺性有可能不再制约经济发展的瓶颈。但要指出的是只有经过收集、加工、整理后的数据才会变为富含价值的信息，而这中间需要耗费人力、财力与物力，

所以也是有成本的。这样知识和信息特别是高价值的知识和信息仍然稀缺，企业可能还得为之支付高昂费用，但随着数字技术的不断发展，获取有价值的数据可能也会更加容易。与农业经济和工业经济时代相比，数字经济时代，数据资源稀缺性可能会相对没那么严重，或相对不稀缺，但数据更多地依赖于经济主体的消费、投资等经济行为。

2. 信息完全：从信息不完全到信息相对完全

在古典经济学中假设信息完全，其实传统经济学认为信息是不可能完全的，因为信息的获取会受到信息的分散性、获取信息的成本、人们的认识水平以及个人机会主义等的限制。但在交互性和实时性更强的数字经济下，借助大数据、云计算等数字技术，人们可克服信息的分散性，降低获取信息的成本，相对传统经济时代可以更迅速、更低成本地获取各种市场信息，使得信息不对称程度比传统经济时代有所降低与弱化。但由于人们自身知识结构与认识水平的缺陷以及机会主义的存在，再加上每个追求自身利益最大化的经济人，都会在获取信息的成本与收益之间权衡，他们也做不到信息完全与信息对称，只能比传统经济时代更完全或相对完全。

3. 理性经济人：从有限理性到高度理性

在传统经济理论中，假设经济人可以不用花费任何成本就可及时获得充分的信息，也即在信息完全的情况下，人们都是追求自身利益最大化的理性人，也即经济人的完全理性假设。后来的研究发现，获取不同的信息需要花费成本甚至付出高昂的代价，经济人就需要在信息完全与否之间做出选择，并且大多情况做不到信息完整，由此经济人的理性也做不到完全理性，而是有限理性。

然而，在数字经济时代，人、财、物等信息高度互联互通，市场信息也极为丰富，经济人能够比原来更低成本、更及时地获取较为充分的市场信息，并据此做出更为科学和理性的决策，所以，经济人的理性将大大超出"有限理性"，变为高度理性。此外，人们通过获取到的相关信息就能够广泛得知他人的行为，从而"随大溜"形成互联网的聚合行为就会成为经济人的主流选择，所谓的"流行性"越来越操控着人们的选择行为，此时的市场具有了自我放大的机制，原来市场机制发挥作用的机理已经发生了变化。例如，人们相信口碑和好评率是经过他人智慧筛选过的集成信息，但是有时获得的信息不一定是准确的，如靠对网上产品的口碑或好评率决定要不要购买，有时会不太理性，即使好评率是发自消费者内心的，不是被迫好评，不同消费者对不同产品的质量、颜色、款式的偏好都是不一样的，而仅依据口碑或好评率就决定要不要购买,甚至也只能通过查看好评率来决定要不要购买,一定程度上并不能算作理性。但如果产品没有消费者的口碑或好评那么高的质量,或者是别人认为好的不一定适合自己,甚至最后有消费者发现口碑和产品不符,有不实评论,相信口碑和好评很快就会消失。所以要通过有效监管让好评和差评都能让消费者看到,确保评论的真实、客观、有效,方能表现出极强的市场信号意义。此外,分析数字经济时代人们的行为方式,除了置于经济学的市场机制框架下之外,还有赖于综合心理学、社会学等许多学科理论的融合创新。但总体来说,数字经济时代还是比传统经济下的信息更加充分,人们的行为方式也相对更加理性。

4. 完全竞争:从完全竞争到协作创新

在传统经济理论中,假定有无数个买方和卖方,把竞争作为经济人之间发生联系的重要方式,并认为竞争是完全的,即完全竞争。即使后来经多次修正,承认现实其实是竞争与垄断并存的,但总体来看,传统经济理论更多还是强调竞争;而在数字经济时代,更多强调合作和创新,强调企业主通过与上游供应商、中游竞争对手、下游顾客的协作创新,实现"双赢"与"多赢"局面,来获取更大的市场份额,进而提升自身竞争力,以应对外部环境和激烈的市场竞争。需指出的是,名义上是平台、供应商和消费者借助平台合作,供应商和消费者通过平台桥梁发生了更紧密的联系,如消费者通过平台参与厂商的研发、设计、生产全过程,而供应商依托平台促进营销与售后服务,都脱离不了平台。产品从厂商到消费者手中虽然少了一级代理、二级代理、批发商等中间渠道,但多了一个平台,就像传统经济下离不开代理商、批发商,数字经济下厂商和消费者更离不开平台,所以不同平台之间的竞争将更为激烈,而且大的平台将更容易吞并小平台,形成垄断之势。协作创新是指平台上不同企业通过协作加速产品、流程、工艺、功能等尤其是技术的创新活动,使竞争方式发生转变,从而进一步提高产品的多样性和差异性,以此来满足消费者的个性化需求。

所以,其实一个平台生态里面的主体更多的是通过协作创新共同把"蛋糕"做大,但不同平台之间则更多的是充满大鱼吃小鱼的激烈竞争,而且大平台更有可能形成增加垄断之势,与传统经济下的竞争原理有很大不同。

(二)对于经济学的基本原理的挑战

1. 传统经济学中的边际效用递减与数字经济学中的边际效用递增

不论是传统经济还是数字经济下的边际效用递减或递增,都应是从需求侧的角度，对消费者追求效用最大化行为的分析。

传统经济下的边际效用递减，是指随着消费者消费的商品数量的不断增加，最后增加的一单位同种同质传统产品的消费给其带来的冲击及满足感，即效用是不断降低的。这样富人边际消费倾向低于穷人，如果整个社会能把富人的财富适当转移给穷人，则能实现社会整体效用的增强。但传统经济下的边际效用递减，强调消费者获得的是用于满足人们有限的物质需求或基本生理需要，在质量和性能上属于同质的产品。如对某一食品简单重复地消费给其带来的边际效用是递减的。若消费者获得的是在质量和性能上更优的产品，随着消费数量的增加，带给其的效用应该也会递增。

数字经济下的边际效用递增，是指某一数字平台或数字产品，用户使用量或用户规模越大，由于外部性的存在，带给每个消费者的效用就会越大。例如，微信使用者的增加，就会给使用微信的人与更多的人沟通交流带来极大的便利，获得更好的协同价值，消费者的边际效用就会增加。数字经济时代，数据与财富存在的是边际效用递增的规律，即经济主体拥有富含信息的数据越多，数据的增加可能会使经济主体对相关标的了解越全面，减少信息不对称，每增加一条富含信息的数据，该主体的边际效用也就增加得越多。但是这里面没考虑到数据的质量问题，数据富含的信息越多，信息越充分，信息不对称越小，可经济主体不但要考虑数据的数量，更要考虑数据的质量与准确性，这就有赖于对数据的筛选，进而萃取出有价值的信息。总之，不是数据量越大越好，而是高质量、更准确的数据越多越好。

可见，数字经济下的边际效用递增是指随着消费者对满足其社会或精神的无限需求、质量和性能不断改进的数字产品的消费不断增加，给其带来的满足程度或效用是不断递增的，如消费者获得的异质或不同的知识不断增加，则会实现融会贯通，产生更大的效用，给其带来更大的满足感，进而希冀获得更多的知识，因为新知识的接受需要一定的知识基础。一个缺乏知识的人，获得新知识后可能发掘不出多少价值，但知识渊博的人新增一条知识就会发掘更多的意义，获得的知识越多累积效应就越强。但如果让消费者花同样的钱去消费同质的数字产品，给其带来的效用也会边际递减，如增加同一位歌手的数字音乐消费，消费者一定不会为第二件同样的产品多付半分钱的费用，但如果是在音质上有更大的改善，消费者就愿意为之支付更高昂的费用，因为给其带来的效用更大。

所以，边际效用递增还是递减其实与数字经济没多大关系，与传统产品和数字产品也没多大关系,关键是看消费者消费的产品是在质量性能上同质还是更优,其目的是满足有限的物质与生理需求或是满足无限的精神或社会需求,是知识与技术含量较低的简单产品还是知识与技术含量更高的复杂产品。

2. 传统经济学的边际成本递增与数字经济学的边际成本递减

不论是传统经济学的边际成本递增还是数字经济学的边际成本递减规律,都是从供给侧的角度分析厂商如何供应产品,进而达到利润最大化的行为,但二者仍有差别。

传统经济学中的边际成本递增是指假定生产产品只有两种要素,当其中一种要素固定,增加另一种要素,在两种要素达到最佳配比之前,每多增加一单位要素的边际产出是递增的,但增加到两种要素达到最佳配比之后,再增加该种要素的边际产出就是递减的,因厂商实现利润最大化都处在边际收益递减阶段,所以就把此规律叫作边际收益递减或边际成本递增。

数字经济下的边际成本递减。在数字经济下,与厂商供给相关的成本,一是数字基础设施的建设成本,二是富含信息和知识的数据传输成本,这两者与使用人数没有关系,并不存在边际成本的问题。只有数据收集、处理、加工、提取成本随着使用人数的增加数据量增大,总成本才会不断递增,但边际成本是递减的,随着产品产量的不断增加,从综合设施建设、数据传输与数据加工成本来看,数字经济下,平均成本与边际成本会随着用户与产量的不断增加呈现边际递减的趋势。特别是对于软件、芯片等数字产品,第一份生产成本可能较高,之后就可以以近乎零边际成本无限制地复制粘贴。

3. 传统经济下的按劳分配与数字经济下的知识和信息分配

不同于农业经济与工业经济时代的繁荣直接取决于土地、资本、劳动力和企业家才能这四大生产要素的数量与质量,在数字经济时代,富含更多信息和知识的数据成为关键的生产要素,这些数据成为数字经济直接的内驱动力。更轻资产、更重信息即知识的一些高科技公司之所以能在短短几年内创造财富神话,可能更多的功劳应归于软盘和软盘中储存的知识与信息,随着知识和信息的价值在社会生产过程中越来越得到充分的发挥,附加值将越来越多地向知识、智力密集型产业转移,国民收入及社会财富的分配也将更多地以知识和信息的含量为标准,传统经济下的按劳分配,取得的职务工资等要素报酬将更多转变为数字经济下按数据分配的知识拥有者的报酬与数字技能工资,知识就是财富,数据为王在数字经济时代将得到最完整的证明。

4. 传统经济中的正反馈与数字经济中的正反馈

传统经济中的正反馈来自供应方或生产商的规模经济，既指大公司与小企业相比规模更大，进而成本更低，更容易达到规模经济，又指原有企业因新加入企业的增加形成企业集聚而导致的效益提高，使整体的供应效率提升。传统经济的不同产业在早期都会经过正反馈，在达到规模经济以后，负反馈就会起引导作用。

在数字经济下的正反馈更多来自需求方的规模经济，而不仅仅是供应方。其具体是指消费者的效用会随着消费该产品的消费者数量增加而增大。例如，微信、今日头条等使用者认为其有价值是因为被广泛使用，随着使用的人越来越多，既增加了不同的人群交流范围，又方便来自四面八方的形形色色资讯的获得。

传统经济理论认为，各式各类企业只有达到一定的规模上限，才能实现规模经济，加深资源配置的优化程度，从而降低生产成本，提高生产效率。然而，数字经济条件下开始涌现出一些新型企业甚至是个人，这些企业和个人核心竞争力是利用拥有的技术与数据，实现持续不断地快速创新，虽然规模较小，但其创新能力和竞争能力却优于同行业中的大企业，并且常出现"以小搏大"的局面。因此在数字经济时代，由于要素的变化，之前所说的劳动力、资本规模扩大表现出的规模经济越来越被拥有更多知识和信息表现出来的规模经济取代。此外，在数字经济下的正反馈，供求双方有相互促进的作用，不管是供给还是需求增加，都会使另一方增加，形成供求双方相互促进的态势。

5. 传统经济下的市场均衡与数字经济下的反均衡

（1）数字经济的外部性

数字经济中的网络效应具体指商品的价值取决于用户的规模，消费者从使用某一商品中得到的效益依赖于其他用户的数量，当某一消费者因其他使用者的增加导致其消费某一商品的效用增加而又不需要支付额外的报酬或补偿时，就存在正的外部性。

在网络外部性作用下，市场的效率可能遭到破坏，其主要分为以下两种情况：

第一，与传统经济一样，实际产出小于有效产出。当存在正外部性时，因其他使用者增多，消费者就消费某一商品得到的效用增加，因此他们愿意为之支付更高的价格，但生产者没能要求消费者因他们所得到的外部性收益而支付报酬，此时商品的价格低于消费者愿意支付的价格，出现生产者的供给小于消费者的需求，进而导致实际产出低于有效产出，没达到市场均衡，降低了市场效率。

第二，与传统经济区分，次优技术占据市场。在数字经济下，一旦由于某个因素使行业内某个厂商出现了外部性，使用其产品的消费者就会不断增加，这时哪怕有更优质的同类产品出现，由于消费者使用的路径依赖、锁定效应及转换成本，也不可能在现在使用的次优产品与新出现的最优产品之间进行转换，导致次优产品与技术占据整个市场，这就扭曲了传统经济下的市场竞争机制，使市场失灵，降低市场效率，对传统经济学的一般均衡理论提出挑战。

数字经济在网络外部性与正反馈的作用下，市场变得不稳定，这种次优产品或技术占据整个市场的局面不一定能一直维持，虽然数字技术下的实物流、资金流、数据流的方便快捷进一步促进了外部性和正反馈的形成，但同时新的标准、新的产品、新的技术也可能会更容易被传播与接受，这样就会减少消费者的路径依赖、锁定效应与转换成本，进而使原来产品的外部性大为降低，打破原来的均衡状态，正是因为数字经济下均衡状态失去唯一性，才加剧了市场的不稳定性。

（2）传统经济下的负反馈与数字经济下的正反馈

传统经济的负反馈是指随着厂商产品供应的增加，特别是当市场上该产品供过于求时，产品的价格就会下降，消费者的需求增加，而厂商产量降低，直到市场上出现供不应求，厂商价格就会提高，进而再增加产量，消费者需求减少，直到最后实现供求相等，这就是传统经济下的价格调节机制。

而价格调节市场供求均衡机制在数字经济下失去效力。数字经济下的正反馈是基于需求方的正反馈，而非供应方。由于数字经济外部性的存在，如阿里巴巴电商平台，随着市场占有率与市场份额的增加，用户对其竞争力更有信心，进而引起市场占有率进一步增加。相反，如果某一数字平台用户较少，使用其消费者就会进一步减少，进而导致强者更强、弱者更弱的马太效应，最后出现垄断，这样数字经济下市场的供求关系就不会在价格机制的调节下实现均衡，甚至完全就是反均衡的。

只要市场上产量在临界点以上，供方规模越大，用户越多；供应产品越多，边际成本越低。越有竞争力，其规模越大，消费者对其产品的需求就越大，愿意为其支付的价格就越高，厂商就会增加产量，进而获得巨大的超额利润，实现爆炸式增长。这样厂商的边际成本和消费者愿意支付的价格会出现矛盾，供给曲线和需求曲线就不会有交点，整个市场找不到合适的均衡点。

相反，在市场上产量处于临界点以下，当企业规模小，产品边际成本高，而消费者因对缺乏竞争力的商品不愿意支付高价格，导致需求减少，厂商产量减少，规模越来越小，边际成本越来越高，消费者愿意为其支付的价格却越来越低，也出现一旦消费者愿意为其支付的价格与边际成本背离，厂商就得亏损直至消失。这样只要偏离均衡点，就不会出现供求曲线的相交，不会实现供求均衡。

二、对微观经济理论的影响

（一）数字经济下消费者行为理论的变化

传统经济下是生产决定消费或以产定销，数字经济下，随着移动互联、大数据、人工智能等数字技术的不断进步，消费者借助数字平台就能实现快速消费，甚至为了实现效用最大化，得到更加适合自己需求的个性化产品，可以参与厂商从产品的研发设计到生产加工的全过程，为厂商的产品生产实践提出自己个性化的修改建议。所以传统经济下消费者只是产品的消费者，而数字经济下消费者是发挥一部分生产者作用的产销者，传统经济下的消费者行为理论会发生变化。

（二）数字产品不能再按边际成本定价

由于受要素资源稀缺性的影响，传统经济下厂商的规模经济难以持续，在生产过程中呈现边际成本递增规律，所以厂商为了利润最大化可以根据边际成本定价。数字经济下生产数字产品呈现出高固定成本、低边际成本的特性，厂商为了收回固定成本，不能再按边际成本定价。

虽然数字产品定价还没有形成如同传统价格理论那样简洁、普适的分析模型，但有以下几点仍值得关注：首先，数字产品和传统产品一样，其价格会或多或少受到自身价值、生产成本甚至市场供求等因素的影响，如数字产品生产厂商，虽不能按边际成本定价，但可按边际收益和平均成本相等定价，收回固定成本，数字产品价格与传统产品的价格有相同的影响因素。其次，数字产品为知识、技术密集型产品，如研发产品，不但具有高固定成本的特性，能不能研发成功具有更大的偶然性，研发出来能不能受到青睐，受消费者主观心理评价影响较大。所以，数字产品定价时要更多考虑研发风险、产品生命周期、长尾产品特性、营销方式、消费者偏好及大众精神与心理评价的差异性等。最后，由于数字产品与传统产品相比，消费者的主观偏好存在更大的差异，再加上数字产品具有较大的网络外部性特征，不同消费者愿意为其支付的最高价格存在较大差异，所以具有不同特性的数字产品应该采取差别化的定价策略，每种不同的产品应依据企业市场占有策略、长期发展目标及其风险承受能力等确定自身产品的"定价规则"。

（三）数字经济下边际分析与均衡理论不再完全适用

消费者的主观效用和生产者客观成本相等的时候，即边际效用和边际成本都等于产品价格的时候，厂商边际收益和边际成本相等便可实现利润最大化，消费者边际效用和边际成本相等能实现效用最大化，从而使供求达到均衡，均衡价格也得以确立。在数字经济下，由于受需求方规模经济与供给方规模经济的共同影响，随着数字产品用户规模的不断扩大，数字产品的协同价值越来越高，最后一个加入的消费者愿意为数字产品支付的价格越来越高，而厂商的边际成本越来越低甚至为零，平均成本也在不断降低，所以数字经济下的均衡点不止一个，更不能通过边际收益与边际成本相等来找到唯一的均衡点，一些学者提出要借助新兴古典经济学的超边际分析法求得多态均衡。所以，边际分析与均衡理论在数字经济下变得不再完全适用。

（四）数字经济下交易成本大幅降低

数字技术的发展突破了现实世界的时空限制，能降低市场主体之间信息不对称程度，降低社会资源配置的成本，提高社会资源配置的效率。借助数字技术，信息流可以被低成本地无限制复制和传播。实物流在大数据与云计算等数字技术支持下，可以大幅简化交易流程，突破时空限制，实现24小时从厂商直接把物品交予消费者，实现买全球、卖全球完全无障碍。资金流借助数字技术，如移动支付更是会突破繁杂手续的制约，突破传统经济下汇率波动等风险，使交易成本大为降低。

（五）数字经济下企业管理理论大幅变化

数字经济时代，企业管理的计划、组织、领导与控制等环节都会受到影响，所以数字经济下企业管理理论与传统经济下的有很大的不同。首先，数字经济的发展，更多强调企业与企业之间的合作，企业的经营思想与管理理念开始从单纯强调竞争向合作竞争转变；其次，因数字技术下信息获取的极大便利，不再需要更多的中间层级，企业组织结构从等级严明的科层级管理向松散的网络化管理组织转变，沟通渠道更加顺畅，企业高管可以随时直接与普通员工对话；最后，营销方式由传统的批发再经层层代理的分销体系向厂家依靠大数据精准营销转变，产品可直接送达消费者手中。

三、对中观产业组织理论的挑战

（一）制造业效率高于服务业不再成立

传统服务业，如教育医疗、餐饮娱乐等服务过程要求服务创造和消费同时同地，服务既不能跨时间储存，也不可远距离跨区域交易，不仅受时空限制较大，而且不能借助更高效率的先进设备，还不容易达到规模经济，所以服务业的劳动生产率远低于制造业生产效率，并长期维持在一个较低的水平。但数字经济下的数字技术不仅改变了服务的提供方式，甚至服务的性质也随之发生改变。传统经济下将看电影、听音乐会这些"乐"文化消费视为中高收入者的奢侈行为，但在数字经济下，尤其是随着短视频的兴起，中低收入消费者也可以用极低成本产生大量的娱乐消费，如有网友评论自从有了短视频平台，每天有人献歌献舞，还可以一一评论，表达自己的看法。娱乐提供方也形成了以大规模"点击率"为基础，赚取更多打赏甚至广告费的商业模式，为服务供给者提供了充足的激励。数字经济下，文字、语音信息、视频节目等丰富多样的娱乐方式促使了大量需求的迸发，关键这些各式各样的娱乐产品创新可以以极低的成本被复制无数次，效益递增几乎没有界限，规模经济效应极为显著，生产率也显著提高。通过采用数字技术手段，其他的传统服务，如医疗与教育等以往必须在现场以面对面的方式、低生产率提供的服务变为在线视频会议、远程教育与医疗等可以大规模、跨时间、远距离甚至跨国提供的高效率服务，任何制造业产品都无法与之相比。

（二）传统的垄断原则不再适用于数字经济

虽然传统经济下先进入市场者达到规模经济，可抑制其他潜在成本低的成员进入，造成一定的垄断，传统经济下的垄断没有数字经济下的垄断波及范围广。

自20世纪90年代开始，随着互联网、大数据中心等这些具有自然垄断特征的数字基础设施类产业的迅猛发展，其依附于这些基础设施提供增值服务的竞争行为、盈利模式等成为研究的核心问题。不同于之前传统物理基础设施网络如电信、铁路等封闭性的网络，由于互联网等数字基础设施是开放性的，依托数字基础设施的数字经济体或网络平台会随着规模的扩大、用户的增多不断增值。某一平台的用户越多、商业机会越多，使用的人就会不断增多，随着使用的人越来越多，成本就会越来越低，平台收益自然会不断增加。当平台形成一定规模，就会凸显出巨大的规模经济优势，后来者就算比其做得更好，巨大的一次性固定成本以及数字产品的路径依赖与锁定效应存在，导致的较大获客成本，与先加入者几乎为零的边际成本相比也会相形见绌，很难进入同样的市场，这样就会促使最先进入市场的先驱者，抓住市场机遇，利用先发优势，不断拓展用户规模，其市场占有率也越来越大，潜在加入者与在位的成功企业相比进入市场的难度就越来越大，这样整个市场竞争结果更倾向于一家或少数几家企业主宰市场，形成寡头垄断，甚至形成先入为主、一家独大、赢者通吃的垄断局面。例如，在个人电脑系统市场中，虽然技术功能相近的类似企业很多，但微软最先争取到更多的用户，并通过正反馈过程最后占据整个市场。这是一种先入为主的现象，甚至次优产品先进入者就能拥有锁定市场的能力，进而拥有主导市场的可能性，可见，数字经济时代市场垄断力量更为强大，而且大者更大、强者更强、富者更富，这就是数字经济时代产业组织问题的特殊性。

由此可见，数字平台在需求方规模经济、路径依赖、锁定与正反馈的作用机制下，聚集的用户规模越来越大，最终必定产生巨型平台，进而必定会形成垄断。但由于数字经济下垄断表现为竞争与垄断同时存在的特征，平台之间必然存在更大的竞争。例如，消费者可以在多个不同的数字平台跨境消费，也可以通过不同的搜索引擎搜寻信息。虽然短期内，在激烈的竞争中胜者垄断全局，输者满盘退出市场，在长期高利润引诱下，存在着更大的竞争，包括在位垄断厂商的技术升级换代与潜在进入者的技术创新的竞争。数字经济下垄断越突出，竞争就越激烈，在竞争与垄断此消彼长的作用下，实现技术在不断进步与创新。所以与传统经济下垄断消除竞争与阻碍技术进步不同，数字经济下的垄断会激化竞争，并在更激烈的竞争作用下促进技术的不断进步与创新，所以传统工业经济下的反垄断原则就不完全适用于数字经济下的垄断治理了。

四、对宏观经济理论的影响

（一）对传统经济周期理论的挑战

传统的经济周期理论认为，在市场经济条件下经济周期一般都要经历繁荣、衰退、萧条、复苏四个阶段，而且这些现象会循环往复出现。随着发达国家在政治、经济、技术等领域出现的一系列新变化，各国宏观经济政策和反危机措施也出现了较大的调整，出现了衰退与高涨交替的简化经济周期。到了20世纪90年代，随着数字经济的兴起，各种数字技术创新突飞猛进，产品升级换代日新月异，使经济发展过程当中一旦衰退苗头出现，就会被新的产品创新与技术升级活动拉起，整个经济周期不会出现大起大落，而只是微小波动，甚至可能呈现出持续的繁荣景象。

（二）对传统经济增长理论的挑战

在传统经济增长理论中，一般将经济增长因素分为土地、资本等生产要素的投入和技术进步或全要素生产率两类，侧重研究生产要素投入对经济增长的影响，而其中不能被解释的部分，则归为全要素生产率的贡献。在数字经济条件下，反映信息网络扩张效应的"梅特卡夫法则"显示其对经济系统的外溢效应明显，另外，数字平台的正反馈机制与正外部性、几乎低至零的边际成本、边际报酬递增、数字技术创新的深化均构成经济增长新的动力，与传统的经济增长理论有很大的不同。

（三）对传统收入分配理论的挑战

数字经济属于创新型经济，数字经济下国民收入增长的渠道、来源和方式更加多元化，收入增长的规模更大、速度更快，但由于数字经济与传统经济相比，生产要素发生了变化，所以数字经济下的收入分配更多是由传统经济下的按劳分配、按资分配，转变为现在的按富含信息和知识的数据要素分配、按数字技术分配、按管理分配。与此同时，在收入分配过程中，那些具有数字技能、拥有丰富管理经验、拥有丰富知识的专业技术人员、管理人员及知识工作者的收入将快速提高，数字经济下不同人群、不同行业、不同地域之间的收入分配差距可能会不断加大，所以才要缩小数字鸿沟，提升全民的数字经济素养。

由此可见，数字经济的不断发展，不仅对人们的生产、生活方式产生着深刻的影响，也在一定程度上对传统经济理论造成了冲击，所以有必要进一步完善数字经济的相关理论，以便更好地分析、解决数字经济下出现的新问题。

第二节 传统理论解释数字经济的适用性

一、现有市场供求机制的适用性

随着数字技术的不断发展，数字经济下也出现了较多的新现象与新问题，将数字经济时代的新现象纳入现有的传统经济学分析框架之中，并对其进行补充与修正，设计出更有效率的市场机制，以此来优化数字经济下市场的资源配置功能已成为学者们研究的热点问题。如传统经济学认为，只要企业产品价格远高于其成本，而消费者又别无选择时，就存在垄断。但同时也有另一种判断标准：即使存在所谓的垄断，价格收取高出成本再多，但如果企业为客户带来的价值，或者客户得到的效用远大于支付给企业的价格，那平台就增加了消费者剩余，提升了消费者的整体福利。这些思路被用于判断数字经济下平台企业的行为。商场如果支持银行卡付费，就需额外支付相关的手续费，如果不支持银行卡付费，就会损失一部分消费者，貌似商场只能接受银行卡付费，存在一定的垄断，但如果因支持银行卡付费而获得的收益大于支付的额外费用，对商场来说就是自愿选择行为而不是处于垄断下的别无选择。

二、新制度经济学的产权理论的适用性

传统经济下的产品，有的具有较强的外部性，特别是公共产品外部性更显著。由于享受到消费产品的效用不需为之支付成本即正的外部性，所以更多人愿意搭便车。也有人因福利受到损失，却不能获得相应补偿，即受到负的外部性的影响。为了规避外部性的影响，通过确定明晰的产权，享受正外部性的消费者会为之支付一定的额外成本，而福利受损的消费者也能获得一定的补偿，从而使外部性的影响大大降低。数字经济下的产品，由于具有较强的网络外部性，随着用户规模的越来越大，产品的协同价值越来越大。其表现随着用户规模的越来越大，消费产品给消费者带来的效用也越来越大。消费者愿意为产品本身支付更高的价格却没有支付，即所谓

直接外部性，同时，该产品互补品的供给会越来越多，从而使互补品的价格也不断降低，使人们享受到互补品低价的效用，即为间接外部性。但不管是直接外部性还是间接外部性，均可通过明晰的产权界定使外部性得以内化，使外部性大为降低甚至消失。可见，传统经济下的产权理论，在数字经济下仍然适用。

三、信息经济学的信息不对称理论的适用性

传统经济学下存在着信息不全面，不论是厂商之间、消费者之间还是厂商与消费者之间，都存在着信息不对称。特别是厂商与消费者之间存在着信息不对称。数字经济下，虽然消费者获取产品信息的渠道更加畅通，获取产品信息的成本更加低廉，甚至消费者可以借助数字平台为产品的设计、生产、加工提出自己的建议，参与产品生产的全过程，不可否认的是，由于专业技术要求以及对繁杂信息鉴别能力的要求，与生产者相比消费者仍然不可能像生产者一样获得与产品相关的所有准确信息，所以数字经济下仍存在着信息不完全的现象，信息不对称理论在数字经济下仍然适用。

四、现有博弈论方法的适用性

在各类传统经济理论中，博弈论可算作最适宜用来分析数字经济下的经济问题的理论了，因为数字经济下人们的决策同样不仅取决于自身，而且会受到相关的其他人所做出选择的影响，这点与传统经济无异。凡是决策者的选择结果会受到其他人的决策影响时，博弈论就可以大显身手。在高度互联互通的数字经济下，不同经济体之间的相互影响更加广泛与深远，数字经济下大量现实问题的解决仍然取决于博弈论提供的理论分析框架和决策思路。

第三节 数字经济下的新问题与理论创新

数字经济时代，随着人工智能、3D打印等数字技术的不断发展，在提高生产效率和生活质量方面凸显出巨大潜力，不但催生出更多的新技术、新产品与新业态，更好地满足人类不断提升的物质与精神生活需求，而且可能颠覆人类工作、生产、生活、消费等旧的经济活动方式，对整个经济结构演进与社会秩序的提升产生积极

的推动作用。与此同时，这些数字技术的不断迭代与创新也将对各国数字经济发展以及人类社会发展进程带来更大的挑战，并引发更多新的理论、政策和伦理道德问题，有的问题可以通过简单判断直接取舍，但更多复杂问题需要在理论层面加以分析研究与权衡解决。例如，数字技术对劳动技能、工作岗位、工作环境、收入水平、就业结构、代际差距甚至人类生存产生深远影响，如何通过理论研究，制定相关的政策予以及时引导，如何通过分析研究做好前期的规划，做好风险的规避工作等都是我们要面对的问题。由此人们在享受数字技术红利的同时，如何应对数字技术发展带来的挑战也应纳入基础理论研究考虑范畴之内。

一、就业结构的变化

无论是蒸汽革命、电气革命还是自动化革命都促使对劳动力、土地等传统生产要素的替代与社会效率的提升，数字技术革命也必然引发大量工人被资本与技术取代。尤其是人工智能等数字技术的发展使一些单一特定领域的重复性工作以及思考模式可以被机器模拟与理性推算的工作，如话务咨询、客服代表、司机、保安等大量被取代的同时，也在创造更多新的岗位，如数据分析科学家、自动化监控与维修工程师等，由于未来就业领域对高数字素养与高数字技能工人的需求大量增加，不仅导致人类社会就业结构发生巨大变化，也会对人类教育方式、社会保障机制等领域的变革提出更多新的要求，只有适时做好相关的理论创新与机制设计才能不断满足新要求、适应新变化。

二、就业市场的变化

随着数字技术的广泛运用，未来不只商品、服务、数据流动日益向全球化发展，不同国家的人口也会不同程度地在全球范围内实现自由流动，到时本国劳动力市场的竞争将更为激烈，因为本国民众不但要应付本国劳动力的竞争，还要面对外国劳动力的竞争。

三、工作环境与收入水平的变化

数字经济时代下，数字技术在创造一些新兴职业的同时，取代了原来一部分的传统岗位与职业，但也有一部分岗位与职业是数字技术无法替代的，需要人工完成，如清洁工、卫生员等，所以数字经济下可能也会出现正式就业与非正式就业并存的局面。各行各业不同程度会出现"铁饭碗"被打破的局面，可能会导致那些从事知识技能与数据筛选、分析等工作的正规就业或正式专业技术工人的工作环境安全性、舒适度不断提升，以及工资标准与收入水平的不断提高。如原来依靠纯人力的加工装配工作，现在只需在维修工程师操作下通过机器操作以更舒适、更省力的动作完成，甚至依靠人工智能就可自动化装配，专业技术人员只需充当运维人员的角色。

四、代际差距的变化

数字技术本身并不能解决温饱问题，也不会自动提升民众的生活质量。一些年轻人因传统行业的数字化、自动化、智能化改造升级遭到解雇后，由于他们头脑灵活，更容易学会与接受、使用数字技术，如通过接受在线教育等方式，经过进一步的数字素养与数字技能培训，很快就能找到适合其发展的就业岗位。其实，数字经济时代，年轻人与老年人之间的冲突不但体现在工作方面，而且在日常生活中也有体现。年轻人可以快速适应移动支付、网上购物、数字问诊等现代生活节奏与方式。当数字技术已经走进、融入年轻人的生活，成为年轻人必不可少的一部分时，老年人在数字技术面前，尤其是面对更多的要求数字技能的工作还会显得力不从心，甚至无所适从，这又会导致更大的代际不公平。

五、个人隐私数据被窃取的风险

每一种技术的进步和变革在给人类带来更大便利的同时也会给民众带来危机与挑战。特别是在大数据时代，我们每个人每敲击一下键盘或是点击一下手机屏幕就会自动上传成为互联网海量信息的一部分，当然与此同时也存在个人隐私数据被窃取的风险。这不但包括随着数字技术的不断进步，一些 App 的安装强制用户授权获取相关的位置、通讯录、个人信息等隐私数据，更为严重的是绝大多数民众因为个人隐私数据保护意识的淡薄与缺乏，会不知不觉地泄露自己的一些个人信息，如通过微信扫码主动提供身份证信息换礼品、大量电商包裹上的个人信息单不经处理就直接丢弃等。

六、人类生存面临的威胁

虽然人工智能等数字技术的发展已经取得巨大进步,与数字技术有关的新模式、新形态、新产品也在持续不断的探索中,但我们仍处在弱人工智能的初级阶段,所以有些在人类眼中的基本常识,对缺乏逻辑思维、情绪感知、深入思考、持续创新等人类高级本领的智能机器人、3D打印机来说仍然是异常艰巨的任务。但是这也不能保证在不远的将来,人工智能等数字技术的不断发展仍不能超越人类智力,导致引发违反人类伦理道德的一系列问题,只沦为被人类征服与利用的工具,充当人类经济社会生活中的助理与帮手的角色。如果人工智能发展成为人类的敌人,霸占人类生存空间与相关资源,就会威胁人类生存。关于人工智能等数字技术会不会威胁到人类生存,会不会导致更多的人伦与法律问题,学界、业界还存在不同的意见,正因为在这些问题上仍存在分歧与矛盾,这才需要我们通过理论研究的创新,提前做好相关探索与规划,并想好应急预案与积极应对之策,以更好地应对未来的危险。

总之,数字经济时代,即大数据、云计算、物联网、人工智能、区块链、3D打印等数字技术不断发展,在给人们的工作、生产和生活带来更多便利的同时,会对就业结构产生冲击,甚至对整个人类的伦理道德、生存发展造成威胁,引发一系列体制机制、伦理道德和法律法规等新问题与新挑战,这必将深深影响未来数字经济发展趋势。只有在深入了解这些数字技术带来的机遇和挑战的基础上做好数字经济相关基础理论研究,并深入突破创新,才能更好地积极利用数字技术的优势,规避数字技术带来的风险,把数字技术的价值与作用无限放大。

第四节 数字经济理论及运行机理

一、数字经济相关理论

从20世纪90年代开始到现在,数字经济与传统农业经济和工业经济最主要的区别就是关键生产要素的不同。不同于传统农业经济与工业经济下土地、资本、劳动力等关键生产要素不可复制、相对独立、不可多人同时使用的特性,数字经济下关键的生产要素数据却具有可重复、可复制、可多人同时反复甚至永久使用等特性,其决定了数字经济与传统农业经济和工业经济的基本规律与相关理论一定会存在较大的差异。

（一）数据爆炸式增长与摩尔定律

数字经济下，随着互联网、大数据、云计算、物联网等数字技术突飞猛进的发展，人类进入人与人、人与物、物与物万物互联的时代，在万物互联时代下，人类的任何行为都会变为相关的数据，成为相关数字平台上海量信息的一部分，所以数据越来越呈现出爆炸式增长的特征。

与以往农业经济和工业经济时代下，传统技术的变迁更多受到线性约束不同，数字经济时代，数字技术的进步与变迁速度甚至数字经济的规模增长速度都呈现出指数变化特征：数字技术综合计算能力每隔18个月就提高1倍，而存储与带宽的价格即相关成本却下降一半。因此，随着摩尔预言的影响力持续扩大，摩尔的预言也成了预测数字经济增长趋势的摩尔定律。

（二）网络互动与梅特卡夫法则

数字经济时代基于数字技术的万物互联平台，传统一对一、一对多式的数据与信息传播模式，更多变成了依托数字平台的多对多传播模式，而随着接入数字平台的设备数量越来越多，参与平台互动的人与物数量也不断增多，随着更多的人与设备参与到同一个数字平台中，通过数字平台创造的数据就会呈指数增长，而此时整个网络或数字平台本身的价值也会成倍增加，这就是梅特卡夫法则。该法则指的就是随着联入网络与接入数字平台的用户和设备的数量不断增多，整个数字平台或整个网络的经济价值也呈现指数型增长趋势。具体原因就是数字经济的正外部性，随着接入数字平台的人与设备不断增加，就会带给平台比原来更多的数据与信息，已接入平台的既有成员就会获得比原来高得多的价值，从而不断吸引更多的成员与设备加入，这样每个成员与设备的加入不但会使其自身获得更大的价值，也能使其他成员的价值乃至整个网络或数字平台的价值得到进一步提升，而且提升幅度也大于接入成员与设备本身的价值，这样就会形成个人或设备与平台之间的价值螺旋式增长，这也是数字经济下的边际收益递增原则，即随着接入成员与设备数量的增加，整个平台的价值呈指数增长，而平台价值的增长又由接入平台的人员与设备共同分享，这又进一步推动了数字经济的快速成长。

在梅特卡夫法则的指引下，随着接入数字平台的人员与设备的数量不断增长，相关的个人行为数据呈爆炸式增长，这些数据通过大数据等数字技术筛选、过滤、加工、处理、分析就可得到更有用的价值，不仅可用于指导更科学与精准的决策，例如可用来精准营销、快速授权，甚至识别诈骗与犯罪等，也可在数字技术的作用下变为数字化的生产要素，不断降低全球一体化生产的管理与沟通成本，促进国际一体化生产与国际贸易规模的进一步增长。但与此同时，在梅特卡夫法则下，数字平台价值的正外部性也可能会带来更多的负面影响，如掌握相关数据的较有竞争力的数字平台的规模在正强化作用下会滚雪球式的扩大，甚至形成自然的垄断，获得更多的竞争优势，而其他竞争力稍弱的数字平台则因人员与接入设备的数量限制越来越衰弱，导致赢者通吃的局面，这样就不利于整个社会福利水平的提高，当然这也有赖于相关数字治理规则的进一步约束。

（三）达维多定律与持续性创新

在数字经济发展进程中，在摩尔定律与梅特卡夫法则等规律下，数字平台企业由于边际成本的不断降低，伴随着数据量和数字平台价值的指数增长，导致其创新竞争力不断增强。近年来，公司市值排名靠前的位置基本被谷歌、亚马逊、苹果等数字平台相关企业占据，而之前一度占据前列的传统企业则不断由榜首的位置逐渐下滑，甚至整个传统的商业模式都发生了颠覆性变化。

数字经济时代，数据的可复制性、可重复利用性以及边际成本递减、边际收益递增的特性导致最先进入市场的企业由于能够获得更多的先发优势与正外部性，可自动获得50%的市场份额，在整个市场竞争格局下占据主导地位。那些采用跟随战略的后进入者，不论是在规模上还是在所获得的利润上，都远远落后于第一家进入市场的企业，这就是数字经济时代的达维多定律。依据达维多定律，随着原来最先进入市场的产品生产技术逐渐成熟，产品市场日趋饱和，如果最先进入市场的企业不自主革新，不主动淘汰自己的旧产品生产那些技术更先进的产品，就会被后进入者开发出的新产品淘汰甚至驱逐出整个市场，所以在数字经济时代达维多定律的指导下，市场领导者只有不断突破创新，才能继续掌握新市场的规则和主动权。放在国家层面，哪个国家能够在数字经济领域及数字经济的发展进程中不断突破创新，则能在世界经济的舞台上持续获取更大的规则制定权与控制权。

二、数字经济运行机理

借助数字技术，数字经济可降低经济社会运行成本、提升经济社会运行效率，创新出更多的新产品、新模式与新业态，驱动传统的经济模式得以重塑，推动传统经济形态向分工更为细化、成本更为低廉、模式更为独特、投入产出更为高效的更高经济形态转变。

（一）促进经济社会运行成本不断降低

首先，信息获取与管理的成本降低。数字技术不仅使传统农业、工业经济下消费者、生产者、政府等不同经济主体获取信息的渠道、手段和方式发生根本改变，也使其获取相关信息的费用与管理成本大幅降低，获取相关信息的便利性也有了极大的提高。其次，经济社会资源优化配置成本的降低。数字技术作用下，不但线上线下、人类物理世界与网络虚拟空间实现互联互通，未来随着物联网的发展，万物都可实现互联互通，不同的数据可借助数字平台在不同经济主体间实现自由流动，不同经济主体间信息不对称问题得以解决，在充分信息的引导下，不同的经济主体之间的资源将以比传统经济下更低的成本实现合理匹配与优化配置。再次，要素专用性成本的不断降低。不同于传统经济下资本、劳动力、土地等要素不仅不可重复使用，而且各种要素还普遍存在资产专用性的问题，不同要素退出旧领域进入新领域具有较大的门槛或成本限制。数字经济时代，富含知识与信息的数据成为最主要的因素，但由于其可以被多人同时使用，甚至可以反复使用，数字经济时代要素专用性成本可大幅降低。最后，导致制度性成本降低。数字经济时代，各级各地政府为提高公共服务的供给能力，都在借助数字技术加强电子政府、一站式政府与数字政府建设，为企业、民众办理各种手续提供更为方便有效的手段和更为可行的途径安排，与传统经济相比，制度性交易成本将得以大幅降低。

（二）促进经济社会运行效率不断提升

首先，借助数字技术可实现市场供需的精准匹配。借助数字技术，需求侧消费者的相关信息可以实时被供给侧厂商掌握，与此同时，依托数字平台，消费者也可方便快捷地了解到其需求商品的有关信息，特别是个性化定制生产方式更可实现线上线下、物理世界与网络世界供需的精准匹配。其次，专业化分工日益明确。数字经济下随着沟通、交流等交易成本的大幅降低，传统生产的专业化分工程度日趋深化，原来价值链上的研发设计、生产制造、营销与售后环节可能分化出更为精细与精准的相关环节，分工效率会进一步提升。最后，不同参与主体协同生产效率得以提升。不同于传统经济下的上游供应商、中游竞争者与下游分销商，消费者之间是层层利益分剥的直接竞争关系，不同主体之间是零和博弈，存在着竞争，数字经济下依托数字平台的不同企业甚至不同数字平台之间都是相互依存、互利共生的关系，共同创造价值、共同分享，协同生产的效率也会大幅提升。

（三）促进传统经济社会的转型升级

首先，传统产业加快向数字平台转型。不同于传统农业经济与工业经济时代，为降低交易效率和达到规模经济需构建科层化与一体化的组织，数字经济时代的组织更多呈现网络化、扁平化与柔性化的特征，国内外传统大型企业为实现向数字化转型升级，纷纷构筑起工业互联网平台。其次，新模式、新业态持续涌现。随着数字技术的不断迭代创新，传统的商业模式可能被直接颠覆，共享经济、众创、众包、众筹等新模式、新业态地持续涌现。最后，数字经济推动传统经济发展模式的变革与重塑。数字经济时代，数字化的知识和信息作为关键的生产要素，不仅可以不断放大资本、土地、劳动力等传统生产要素的生产力，使传统产业的生产率得以不断提高，由于其本身可以被多人同时利用、反复利用等特征，甚至会颠覆传统的经济增长方式，使传统经济发展模式也得以重塑，进而促进整个经济社会的转型升级。

总之，随着数字经济不断向前发展，未来会有更多的数字技术、数字产品和数字服务会逐渐走近并融入我们生产与生活的各个方面，在给我们带来更多便利的同时也一定会面临更多新的问题，届时也将有更多的人参与到数字经济的基础理论研究当中，并突破性地构建起数字经济学的理论研究体系框架，指导数字经济发展的具体实践。

三、数字经济对就业生态的影响

数字经济时代，以互联网、云计算、大数据、物联网、人工智能等为代表的数字技术已被公认为第四次产业革命的重要驱动因素。数字技术不但会成为各国经济增长的新动能，广泛融入各行各业，也会给传统行业的商业逻辑、组织形态和运行方式带来深刻变革，从而改变各行业对人才的需求，进而给各行业的就业领域、就业形式、就业人群乃至整个就业生态带来革命性变革。

第六章　重点行业数字经济发展

从数字经济所涵盖的行业范围来看，基本上所有的行业都可以运用到数字技术。数字经济的发展将对各个行业产生深远的影响，不仅使新兴产业蓬勃发展，而且传统行业也广泛应用互联网、大数据、云计算、人工智能、区块链等数字技术，并与之深度融合，转型升级。由数字经济衍生出来的传统产业的数字化和智能化，新兴产业集群的深度发展，要求我们要采取不同的途径去分析与发展，以拓展数字经济的发展空间。

第一节　重点行业的数字经济发展路径

数字化是当今世界发展的大趋势，是推动经济社会变革的重要力量。由数字经济衍生出来的传统产业的数字化和智能化，新兴产业集群的深度发展，要求我们要采取不同的路径去分析与发展，以拓展数字经济的发展空间。

当前，我国发展数字经济面临着政策红利持续释放、产业格局深刻调整、经济转型步伐加快的三大历史机遇，同时也存在着传统产业生态尚未成熟、数据价值挖掘不足、核心技术突破受制约、数字人才缺乏等诸多问题，机遇与挑战共生、弯道超车与掉队风险并存，但传统产业肯定有其固有的生产与发展模式，因此需要着眼全球、立足国情，对于传统产业的数字化转型升级要总结出其特有的发展路径，从以下几方面协同推动我国数字经济的发展：

首先，加强数字经济的宣传引导，为其发展营造良好的氛围。虽然数字经济在消费领域已经深入人心，但在农业和工业等一些传统领域，人们对数字经济的认识和理解还不够深入，一些中小企业对数字经济的发展还处于观望状态。因此，政府需要加强宣传引导数字经济，让全社会都能够深刻认识到发展数字经济的作用和意义，积极参与到数字经济的建设中来。例如，政府可以发布相关行业数字经济具体行动计划，对针对性行业进行企业试点，然后通过利用企业典型的成功案例进行宣传推介，形成明星企业示范效应，吸引各类企业加入实践。同时，政府还可以通过资金引导、创建产业基金或创投基金等，给传统企业数字化转型升级提供资金扶持，从而缓解传统企业的资金压力。

其次，加强核心技术研发，为传统产业转型发展提供新动能。技术的发展和应用在数字经济发展中占据着极其重要的地位，而企业在产业链中的地位也往往是由核心技术的差距所决定的。中国想要更好更快地发展数字经济，传统产业想要在国际竞争中占据主导地位，就必须提升自身的技术创新水平，尤其是计算机、通信和微电子技术领域中拥有自主知识产权。因此，政府和企业要高度重视核心技术的研发，加大研发资金的投入，吸引高科技人才。这样，才能够为数字经济发展提供基本保障，促进我国传统产业的数字化转型。

最后，进一步完善基础设施，为数字经济发展、传统产业转型升级奠定良好基础。互联网的快速发展和普及应用是发展数字经济的基础条件，也是传统产业数字化转型的必要条件。只有基础设施牢固，我国的传统产业才能稳步地走向数字化。经过这么多年的建设，中国在信息网络建设上取得了一定成就，可以说已经为数字经济的发展奠定了一定的基础，但是还存在地区发展不均衡的问题。传统产业的数字化转型要求基础设施建设均衡发展，这样才能满足数据的全面性覆盖，充分发挥数字技术在传统产业中的应用。要继续加大对基础设施建设的投入，缩小地区发展差异，同时提升贫困地区的基础保障能力，助力传统产业的转型升级。

新兴产业的发展不仅遵循产业发展的一般性规律，还有其自身特殊的成长规律和发展路径。重要的一点就是资源条件、科技水平等产业资源以及机制体制、地区文化等外部支撑条件构成了新兴产业的成长动力。因此，要想把握好新兴产业发展新动能、新优势这一关键领域，就需要深刻认识新兴产业发展的演进规律和发展路径。

新兴产业中期会形成重大的产业关联性，技术的提升可能会优化局部或全局的产业结构。新兴产业技术更新速度快于传统幼稚产业，新兴产业是以升级产品技术为动能，以上游研发产业向下游产品制造加工和市场推广为特点的产业链延伸，整个产业结构的形成源于技术的逐步提升。高质量的新兴产品客观上要求一定的"技术根基"进行产品创新，或者以创新替代品开始新一轮产品生命周期，这样就可以通过技术的协同作用进一步激发产业结构的改善优化，推动新兴产业转型升级。因此，重视新兴产业关联性，技术优化全结构的产业特征至关重要。

同时，新兴产业相较于传统产业在萌芽阶段具有较长潜伏准备，一般后期会主导新兴产业集群的发展。相对于传统产业，只有对科技革命和技术发展趋势具有长期的深刻把握，才能够在新兴产业领域占有一席之地。在市场竞争作用下，创新效应是逐步发挥的，而且企业间的交易协作是频繁的，逐步引起从事创新活动、产品开发、生产销售等全产业链空间聚集。因此，只有充分有效地利用集聚优势和创新引擎，才能够引领新兴产业集群的大发展。

要充分发挥政府作用提供新兴产业发展支撑。主导性、创新性和关联性的特征需要政府根据产业演化规律，在不同的阶段制定相应的政策与工具，采取不同的措施：在产业成长初期，要加强基础研究，选择适宜技术和适当产业进行发展；在产业发展中期，要加强科技成果转化，侧重提高创新技术转化率，形成全面提升融资水平和模式、知识产权保护、基础设施配套等环境体系；在产业成熟期，加强新兴技术和产品产业层级，规范市场秩序，避免市场垄断。

在发挥政府作用的同时，还要更加重视市场的力量，进一步强化市场需求拉动：通过技术改造、产品服务和品牌推广，改善消费习惯，增强消费者对产品的信心；实施"走出去"战略，引导战略性新兴产业攀升高端市场；要下大力气创造良好的营商环境，实现国内、国外市场开拓。

以陕西省为例，该省科学谋划在"追赶超越"中努力抢占数字经济制高点，从高质量促进基础型数字经济发展、高效益推动融合型数字经济转型、高标杆引领产业从体制机制创新三大方面着手，全力推进数字经济发展壮大的未来路径。首先，积极完善基础设施建设，实施宽带网络提质扩面，加快宽带网络光网化，不断提升骨干网络、支线网络、入户网络传输网速和质量，努力普及企业单位、城镇商业楼宇和住宅小区、农村行政村通光纤，并且提高移动网络的稳定性。其次，持续壮大融合型数字经济产业，促进农业、工业、服务业的数字化转型。最后，健全和完善数字经济产业治理体系和健全优化数字经济产业评价体系。总之，陕西数字经济成长发展的根本路径在于以互联网和数字经济为引擎，发挥信息化和数字经济驱动引领作用，加快完善政策体系，提升信息基础设施建设水平，支持实体经济加快数字化转型。

第二节　数字经济推动重点行业全要素生产率提升

全要素生产率是指在各种生产要素投入水平既定的条件下，所达到的额外生产效率。比如一个企业或国家，如果资本、劳动力和其他生产要素投入的增长率都是5%，而产出或 GDP 增长率是8%，多出来的3%就是全要素生产率对产出或经济增长的贡献。全要素生产率主要包括技术进步、组织创新、专业化和生产创新等，是用于衡量经济效益水平和集约化增长程度的综合性指标。"提高全要素生产率"的提法首次出现在党的代表大会报告中，这是以新发展理念引领新时代经济发展的新思想、新举措。

在新一轮科技革命、产业变革的背景下，整个经济社会运行模式正在发生根本性改变，全要素生产率提升的途径也正在出现新的变化。如果完全沉浸在以往的宏观经济架构和既有的研究思路方法，可能无法很好地分析考察新经济、新模式。因此，在提升全要素生产率以及提升增长动力方面，要深入进行创新思考。

2012年前后，可以说是我国处于国际、国内两个重要时期的交汇点。一方面，全球新一轮科技革命与产业变革加速演进，数字经济蓬勃发展；另一方面，恰好在这个时间节点上，中国经济逐步进入以降速、换挡为特征的新常态。大数据、云计算、人工智能等数字技术在商业活动中的大量应用正是新一轮科技革命的标志性事件，与此同时新经济、新模式、新业态也突然涌现。这些新形态的涌现首先带来的就是效率的提升，相当于给提高全要素生产率提供了一个新途径、新方向。而数字经济这一种新经济形态的快速发展，也给我们的宏观经济的全要素生产率增长提供了新的动力源泉。

想要理解数字经济提高全要素生产率背后的作用机制，就需要从它的经济特性来进行分析。数字经济具有三个重要的经济特性：

第一个是渗透性。以数字技术作为其经济活动的标志和驱动力，导致包括生产、交换、分配、消费在内的各个经济活动环节的数字化，作为通用目的技术它能够渗透经济社会的方方面面。

第二是替代性。从1971年英特尔出了第一款4004的芯片开始到现在四十多年，摩尔定律一直存在，每隔两年左右，芯片处理器的实际价格降低一半。在过去的四十多年里，数字技术产品价格处于持续快速下降状态，生产过程中会尽量多地去用数字技术，数字资本会对其他的资本形成一个替代。

第三是协同性。数字产品一旦形成资本渗透生产过程，它便能够提高其他要素，如劳动者和机器设备之间的协同性，增加其他要素之间的配合，最终结果是带来生产效率的提高。

通过上述论述，我们不难理解数字经济在推动行业的全要素生产率提升中的作用。下面从制造业、农业、生物医学三个重点行业介绍数字经济如何推动其全要素生产率的提升。

当前，新一代信息技术与制造业融合不断深化，"互联网+制造""智能+制造"成为制造业发展新常态、新形势。随着我国资源环境和要素成本约束趋紧，制造业原有的比较优势正在逐渐消失，因而加快制造业转型升级迫在眉睫。数字经济在中国的快速发展下使制造业也逐渐迈入高速、高质量发展阶段，并且能够明确未来重点发展的领域。要实现制造强国目标，就必须在着力扩大需求的同时，通过优化产业结构有效改善供给，释放新的发展动能。这就要求我国制造业必须加快转型升级步伐，提升全要素生产率以及提升经济长期持续发展能力，推动制造业向智能化、绿色化、服务化转型，从而重构国家竞争新优势。

我国农业的发展，除了长期受人多地少、自然灾害频发等一系列资源刚性约束外，还因为化肥、农药和农膜等的大量使用而付出了沉重的环境代价。新时代中国经济进入新常态，但下行压力加大，资源环境压力凸显，这对农业发展提出了更高要求，过去以高投入、高产出和高废物为典型特征的"三高"型农业发展模式已经不可再持续。但是，农业在加入了不断革新的数字技术后，很好地适应和消化了工业化与城市化所产生的冲击，避免了经济快速发展过程中可能产生的农业衰退，农业发展也逐渐找到了提升全要素生产率的出路。

数字经济的发展带来了农业前沿技术的进步。在智能新时代，农业逐渐由高产为导向的数量型发展阶段转向由品质型为导向的高质量发展阶段，技术进步逐渐向资源节约型技术与劳动节约型技术并重的方向发展，加快推进了农业机械化。同时也发生了许多重大的转变，例如，由生产者目标导向逐步转向消费者目标导向，由增产转向提高质量、数量、效益并重的方向。随着数字技术逐渐渗入农业领域，农民的数字素养得到了提升，为劳动者提供科学文化知识、职业技术知识、技能等的人力资源也随之增加。另外，农村教育、医疗卫生、文化体育等公共服务水平得到了全面提升，城乡义务教育得到一体化发展，标准化村卫生室也加快建设，同时在就业方面落实更加积极的就业政策，促进农村劳动力多渠道转移就业等。可见，数字技术与农业生产的融合大大提高了农业发展的全要素生产率，使农村、农业、农民一同走向了效率变革的新发展、新时代。

2017年是人工智能元年，人工智能的一个经济特性就是能够促进经济增长，提高全要素生产率。在生物医药、材料科学等领域，研发过程具有"大海捞针"的特点，即能够确定创新存在于已有知识的某种有用组合，但有用知识范围却广泛复杂，要找出来极不容易。而人工智能技术的突破性进展，则使研究人员能够大大提高识别效率，找出那些最有价值的组合。例如，在生物医药领域，应用深度学习技术和已有的数据，可以较为准确地预测出药物试验的结果，对于早期的药物筛选来说，便可以减少一些不必要的检验，从而提高筛选效率，识别出那些成功概率更大的候选分子。结合新增长理论，这相当于知识创造的过程加速了，这必然能带来全要素生产率的提升。虽然目前人工智能很多经济特性可能还没有全面显现出来，但未来一旦这种效应充分发挥出来，必将对我们的经济发展产生前所未有的促进作用。

第七章 数字经济的发展及管理创新

发展数字经济，需要相应的技术支持和产业支撑。我国数字经济增长不能过度依赖发达国家的技术，应培养我国自身的技术与产业基础。因此，我国必须加快与数字经济相关的前沿技术领域的革新能力建设，同时，稳固相关产业对数字经济发展的支撑根基。

第一节 数字经济的基础产业

一、电子商务产业

（一）电子商务产业概述

电子商务指借助电子手段进行的商务活动，具体而言，是指经济活动主体之间利用现代信息技术，基于计算机网络开展的商务活动，实现网上信息搜集、接洽、签约、交易等关键商务活动环节的部分或全部电子化，包括货物交易及服务交易等。电子商务主要的关联产业包括制造业、运输业、仓储业、邮电业、电子信息业等。

1. 电子商务的基本组成

电子商务（简称"电商"）是应用现代信息技术、数字技术，对企业的各项活动进行不间断优化的过程。在这个过程中包括四个要素，即商城、消费者、产品、物流；三个环节，即买卖、合作、服务。买卖环节是指各大购物网络平台通过为消费者和商家搭建电子交易平台，确保商家可以在平台上销售商品，消费者可以在平台购买到更多质优价廉的商品的交易过程。合作环节包括电商平台与商品提供商建立的合作关系、电商平台与物流公司建立的合作关系以及商品提供商与物流公司建立的合作关系，这些合作关系为消费者的购买行为提供保障，也是电商运营的必要条件之一。服务是电商的三个环节之一,其中包括售前的咨询服务、售中的物流服务以及售后的退货、修补等服务,从而完成再一次的交易。同时,还包括如下四方面的关系:①交易平台。第三方电子商务平台是指提供电子商务服务的信息网络系统的总和,这些服务包括撮合交易双方交易以及其他相关服务。②平台经营者。第三方交易平台经营者是指在从事第三方交易平台运营为交易双方提供服务,并在工商、税务等行政管理部门领取了相关执照的自然人、法人或其他组织。③站内经营者。第三方交易平台站内经营者是指在电子商务交易平台上为保障交易的顺利进行提供相关服务的自然人、法人和其他组织。④支付系统。支付系统是指由为买卖双方提供资金进行支付、清算服务的机构与传送支付指令和进行资金清算的技术手段、工具组成的,旨在实现资金的转移和债券债务的清偿的金融安排,又被称为清算系统。电子商务形成了一个从产品信息搜集到物流再到在线支付的完整的产业系统。电子商务不再只是买卖双方之间交易的简单电子化,其他行业机构如银行、物流、软件、担保、电信等也开始逐渐围绕网络客户的需求进行聚集,通过互联网这一"虚拟园区"交织成庞大的新产业环境,同时进行更广泛的资源整合。电子商务是一系列有密切联系的企业和组合机构以互联网作为沟通合作的工具和相互竞争的平台,通过虚拟合作等形式实现了跨越地理位置界限的资源共享和优势互补,形成了一个有机的系统性产业——电子商务产业。

2. 电子商务的特征

电子商务产业是现代服务业中的重要产业,具有高人力资本含量、高技术和高附加值的"三高"特征以及新技术、新业态和新方式的"三新"特征,素有"朝阳产业""绿色产业"之称。结合电子商务系统的内在机制、关系和性质看,电子商务还具有四个方面的主要特征。一是广泛的沟通机制。电子商务凭借网络工具,造就了一个真正意义上的无形市场,为企业提供了无形的商机,使交易的参与者、交易的场所、交易的支付结算形式打破了时间和空间的界限,为企业提供了无限的潜在商机。二是信息的及时性、完备性。电子商务应用于互联网,企业可以及时地发布信息,消费者也可以及时地获取信息。同时,针对企业本身及企业生产的产品质量信息,消费者可以通过搜索引擎对其有一个比较全面的了解。三是信息的动态更新。数字经济下的电子商务产业的各种信息一直在不断持续更新。供求信息不停更新,商品资金不停流动,交易双方也在不停地变更。四是形成全球统一的市场。通过国际互联网,地球一端的交易者可以和另一端的交易者进行实时在线交易,资金可通过电子支付客户端在极短的时间内从一端转向另一端，货物也可以通过现代发达的航空、铁路、海运等物流方式在很短的时间内到达购买方的手里。

（二）电子商务产业的发展历程及状况

电子商务是随着计算机技术以及信息技术的发展而发展的，自计算机技术及信息技术诞生之初，世界各国就重视其在商务中的应用。电子计算机普及率的迅速提高以及互联网的高速发展，使以互联网为基础的电子信息基础设施成为现代传播信息的主要手段，电子商务产业开始逐渐形成。世界电子商务产业的发展大概经历了以下四个阶段：

第一阶段：从 19 世纪 30 年代开始的以电子通信工具为基础的初期电子商务。该阶段人类开始使用诸如电报、电话、传真、电视等电子手段进行传递信息、交接商务文件、谈判、支付以及广告等的商务活动。在电报发明之后，电子手段首次被人们运用于进行商务活动的实践，电信时代的序幕也由此拉开。用声音传递商务信息则开始于贝尔和华生在 19 世纪 70 年代发明的电话。受技术限制，人们只是尽可能地运用一些电子手段来为商务活动提供便利。

第二阶段：兴起于 20 世纪 60 年代，以电子数据交换为基础的电子商务。该阶段主要表现为伴随着个人计算机的诞生以及企业间专用网络的不断发展。作为电子商务应用系统雏形的电子数据交换（EDI）技术和银行间的电子资金转账（EFT）技术开始应用于企业间信息的传递，可以使商业信息、数据和文件等及时从一台计算机传递到另一台计算机，提高商业的运营效率，降低商业成本。但企业使用专用网络与设备的费用太高，并缺乏相关人才，严重影响了电子商务的发展。

第三阶段：开始于 20 世纪 90 年代的以互联网为基础的电子商务。该阶段由于互联网在全球迅速普及和发展，一种以互联网为基础的电子商务运营模式出现。该模式以交易双方为主体，借助网上支付和结算工具，以客户信息数据库为依托成为现代电子商务产业运营模式的雏形。

第四阶段：从 21 世纪开始人们进入 E 概念电子商务阶段。该阶段随着电子商务的深入发展和人们对电子商务认识的深化，人们对电子商务的内涵有了更新的认识，对电子商务的实质有了更全面的认识，认为电子商务实际上就是将电子信息技术广泛地应用于各种商务活动。现代经济是商业经济，现代的人类社会活动也都或多或少地涉及商务活动，因此现代电子信息技术使电子商务可以更多、更大范围地渗透进入人类社会活动成为可能，使电子商务活动可以与教育、医疗、金融、军事和政府等相关领域结合，拓展了电子商务的作用领域，E 概念由此形成。比如与教育结合形成的电子教务——远程教育成人高校、与医疗结合衍生出电子医务——远程医疗等。其实质是将电子信息技术应用于社会各个领域，从而扩大电子商务的作用域，使得电子商务全面地融入社会各个领域。

现今，随着云计算、物联网、大数据技术的日渐成熟和广泛应用，电子商务产业在 E 概念电子商务阶段进一步发展且发生了很多变化。

一方面，电子商务受物联网影响而产生的变化。一是产品的质量监控得到完善。借助条码技术、二维码技术、RFID 技术和 GIS 技术等，人们可以对产品生产、运输、存储、销售的全过程进行监控。当进入生产阶段时，投入生产的原材料就要嵌入 EPC 标签，产成品投入市场成为消费品 EPC 标签一直存在，并将记录下产品生产、运输、存储、销售的全过程的所有信息。如此，消费者购物时，只需查询 EPC 标签便可知道商品的所有信息，从而实现对产品质量的全面监控。二是改善供应管理，物联网主要影响供应链的制造环节、仓储环节、运输环节和销售环节，提升企业和整个供应链对复杂多变的市场的反应能力，加快反应速度。三是提升物流服务质量，其基本原理同以上第一和第二点一样，利用物联网的感应、辨析、互联的技术，实现对查询和实时的追踪监控。物联网对物流的主要影响如下：①实现自动化管理即获取实时数据、自动分拣等，提高作业效率，改变仓储状况；②降低仓储成本；③提高服务质量，优化整合供应链各个环节；④促进物流信息化等。

另一方面，电子商务受大数据的影响而产生变化。一是实现渠道优化。大数据的本质就是从海量的数据中找出全面有效的信息，大数据使电商企业能寻找到更多的目标客户，优化营销渠道资源的投放量。二是精准推送营销信息。从海量数据中分析出目标客户更多的信息，包括年龄、性别、偏好等，就可以向目标客户发送其感兴趣的营销信息。三是连接线上、线下营销。电商企业可以通过互联网在线上将客户需要的信息发送给客户。如客户对产品持怀疑态度，即可联系线下当面交易。

电子商务整合了商务活动中的人流、物流、资金流、信息流，使四流合一，使电子商务产业更加具有市场全球化、交易连续化、成本低廉化、资源集约化等优势。在现代技术强力推动世界各地区对电子商务产业的重视下，全球电子商务市场高速发展。

在我国，电子商务产业受技术、政策等内外因驱动，电子商务市场规模保持快速增长。

二、信息技术产业

（一）信息技术产业概述

信息技术产业是指运用信息技术工具，进行搜集、整理、存储和传递信息资源，提供信息服务，提供相应的信息手段、信息技术等服务以及提供与信息服务相关的设备的产业。信息技术产业主要包括以下三个行业：一是信息设备制造行业。该行业主要是从事电子计算机的研究和生产，包括相关机器设备的硬件制造和计算机的软件开发等，如计算机设备和程序开发公司等。二是信息处理与服务行业。该行业主要是利用现代电子计算机设备和信息技术搜集、整理、加工、存储和传递信息资源，为相关产业部门提供所需要的信息服务，如信息咨询公司等。三是信息传递中介行业。该行业主要是从事利用现代化的信息传递中介，及时、准确、完整地将信息传递到目的地，如印刷业、出版业、新闻广播业、通信邮电业、广告业等。

1.信息技术产业的特征

信息技术产业是综合性的信息产业。信息技术应用的广泛性和信息传播的普遍性以及信息技术产业的高渗透性和关联性，使信息工作部门广泛地融入其他产业中。现代信息技术已经渗透社会经济活动的各个模块，从设计的CAD应用、产品样品的快速成型，到产品生产过程和控制的自动化、产品仓储的智能化管理、产品营销的数字化（电子商务），当今社会中各个产业的市场价值和产出中无不包含着信息技术、信息劳动的价值。在这些部门中越来越多地应用现代信息技术和知识信息，并且实现价值"增值"的部分比重越来越高。信息技术产业以现代科学理论和科学技术为基础，采用了最新的计算机、互联网和通信等电子信息技术，是一门极具科技含量的服务性产业。信息技术产业的发展可以提高国民经济增长率，改善国民经济发展结构，对整个国民经济的发展具有重大意义。信息技术产业借助现代信息技术来进行相关产业活动提升了经济信息的传递速度，使经济信息的传递更加及时、可靠和全面，进而提高了各产业的劳动生产率。信息技术产业加快了科学技术的传播速度，缩短了科学技术从发明到应用于生产实践的时间。信息技术产业的发展促进了知识密集型、智力密集型和技术密集型产业的发展，有利于国民经济发展结构的改善。

2. 信息技术产业的作用

随着世界科学技术的迅猛发展和产业结构的日益升级，以搜集、整理、存储、生产、销售信息服务商品和提供与信息服务相关设备为主要业务的现代信息技术产业在世界经济或一国国民经济中成了非常重要的基础性和支柱性产业。

首先，信息作为经济中的基础性资源发挥着越来越重要的作用。信息技术为人们搜集、整理、扩充、使用信息提供了多种便利条件。IT技术及相关制造业的高速发展，使得计算机网络系统、光纤等铺设成本大大降低，使得生产、处理和传输信息的设备的成本大大降低。现代信息服务企业通过搜集、整理、存储、分析信息转型为海量信息源的提供商，满足人们生产、生活对信息的需求。各个领域的专家、学者及政府部门得到的所需要的信息越多，则科学研究、政府决策的效率就会越高。信息资源日益成为物质生产力提高以及社会财富产生的源泉。

其次，信息技术产业促进社会经济向信息化、数字化的转变。信息技术作为基础商品和服务的领域正在不断扩大，而且信息商品以及信息处理作为扩展商品和服务生产领域的重要因素，提高了社会财富的生产效率。信息技术产业的发展在提高社会经济效益的同时已经成为重要的国民经济增长点。

再次，信息是世界共同的"语言"，信息让世界联成一体。世界上从事与信息有关的工作、活动的人越来越多，信息技术产业的规模越来越大，使信息技术产业成为最能容纳就业人数的产业部门，进而成为国民经济中发展最快的产业。

最后，信息技术是未来经济中具有最大潜在效益的产业。信息技术产业的发展为其他产业销售产品提供了巨大潜在市场，将强有力地带动相关产业的发展，所以信息技术产业成了社会生产力发展和国民经济增长的新生长点。

20世纪90年代以来，作为现代高新技术基础的信息技术获得了突飞猛进的进展，推动了信息技术与经济活动的高度渗透与融合，使得信息技术产业具备极强的渗透性、带动性，在不断的创新与扩散、发展和迭代中，带动了一系列相关产业的发展。信息技术产业是知识密集、智力密集、高投入、高增值、高增长、高就业、省能源、省资源的综合性产业。

（二）信息技术产业的发展历程及现状

在人类诞生的初期，人仅仅依靠手势、眼神传递信息，依靠"结绳"记事。语言的形成使人类的信息交流方式取得革命性进展，而文字的出现使人类文明出现重大转折。文字出现后,最初主要以甲骨、竹简、衣帛等为载体,由于信息载体的制约,信息的传播十分困难,传播范围也十分有限,因而信息业的规模很小,信息业只是处于萌芽初期。真正对信息业的发展起关键性作用的是造纸术和印刷术的发明与应用。由于其从根本上解决了信息的大批量复制和传播困难的难题,这两项发明不仅促进了信息业的形成,而且有力地推动了人类的文明。以造纸术和印刷术的发明与应用为标志,信息技术产业从形成到发展,其先后经历了以下几个阶段:

1. 传统信息产业时代

传统信息产业时代,开始于16世纪中叶,是以传统图书为信息传递工具和载体的时代,是图书开始逐步普及的时代。这一时期信息产业的代表性部门包括传统的图书出版业、造纸业、印刷业、图书发行业。纸的发明,既为当时的经济活动增加了新兴造纸业,同时又推动了图书、报纸等出版物的出版发行和邮政业务的发展。图书业的真正诞生是在我国西汉末期。造纸术、印刷术是传统信息产业时代的主要信息技术。这一阶段信息产业发展的特征是作为信息支撑部门的造纸、印刷技术较落后,信息生产能力与效率较低。这一阶段信息产业的总体规模不大。

2. 大众媒介传播时代

大众媒介传播时代,从16世纪中后期到19世纪中期。随着工业革命的开始和近代科学技术的迅猛发展以及民主的普及,人类对信息的需求剧增,促使印刷等信息技术取得重大进步,图书出版业发展迅猛。现代报纸和期刊的出现,使信息产业发展进入大众媒介传播时代。该阶段的特点是:传统的图书出版业规模进一步扩大,现代造纸、印刷技术与产业迅速发展,报纸等媒介的影响迅速扩大。现代报纸和期刊的出现开创了信息产业发展的新时代——大众媒介传播时代。

3. 现代信息产业时代

从19世纪40年代人类历史上第一封电报的发出起步,信息技术产业的发展迈入了以电信号为传输载体的现代信息产业的新阶段。该阶段,信息技术产业突飞猛进,开始在现代经济中扮演越来越重要的角色。一些革命性的信息技术创新不断出现,如电话的发明、大西洋电缆的成功铺设、世界第一个广播电台的开播。每一次信息技术的进步都会使信息技术产业的内涵有所改变,规模进一步扩大。图书出版业、印刷和造纸业、大众传媒业继续扩大,广播电视产业和通信产业成为信息技术产业中的代表性产业。

4. 以计算机和互联网为中心的时代

从20世纪中叶开始，信息技术产业进入以计算机和互联网为中心的时代。20世纪40年代，世上第一台计算机——ENIAC诞生，开创了信息技术产业发展的新纪元。随着计算机技术与通信技术相互交融、互联网的逐渐普及，人类迈入了全新的数字经济时代，进入数字化生存时代，信息技术产业被赋予全新的内涵。数字化对传统通信、广播电视产业进行改造，数字通信、移动通信迅猛发展，信息技术产业成为引领时代发展的引擎。在很多发达国家，信息技术产业已成为国民经济中的最大产业。

现今世界正发生着人类社会发展史上从未有过的最迅速、最广泛、最深刻的变化，各国之间产生的激烈的综合国力竞争主要是以作为高新技术代表的信息技术和信息化水平及信息产业发展水平为竞争着力点。人类社会的进步和经济的发展已经深受信息化的影响，世界各国对此都十分关注，尤其是发达国家和发展中国家对信息化的发展更是重视，加快推进信息化和信息产业发展已经成为其社会经济发展的国家战略任务。信息化是重要的生产力，信息化包括对信息的数字化、对数字化信息的存储以及信息的网络化传递与共享等。在数字经济体系下，信息化更加注重数字化，数字技术的广泛应用使得整个社会和经济系统数字化，整个经济社会和所有的经济活动的信息都可以用"0"和"1"两个数字组合表示。

（三）信息技术产业的发展前景

20世纪90年代末期，全球经济的年均增长率在3%左右，而信息技术产业及相关产业的增长速度是经济增长速度的2~3倍。在很多发达国家，信息技术产业已然成为国民经济的第一大产业。信息技术产业已经成为国家竞争力的重要标志。科技的进步和信息技术的产业化促使信息技术产业的形成，促进了信息技术产业的发展，而且一国的基础设施、市场发展水平、经济开放程度、技术水平和管理水平等方方面面的因素都会对信息技术产业的发展程度产生重大影响，以至于该国的国际竞争力将大幅提升。随着数字经济时代的到来，信息技术产业在国民经济发展中的地位越来越重要，在国民经济结构中所占的比例也越来越大。信息技术产业的发展程度已经成为决定一个国家经济发展水平的重要因素和衡量一个国家综合国力和国际竞争力强弱的重要标志。

信息技术产业凭借高渗透性、强关联性，大范围地带动了相关和基础产业的发展。

信息技术产业对传统制造业也在产生着重要影响。价值传递与价值创造是整个经济活动中的两大环节，信息技术产业正在从价值传递到价值创造整个经济活动过程中影响着传统制造业，并对传统制造业进行着深度改革。随着互联网的发展，尤其是物联网对互联网进行拓展之后，价值传递中的信息流、资金流和物流被电子商务打通，促使"三流合一"，使数字世界和物质世界充分融合，省去了诸多中间环节，减少了商业交易之间的摩擦，使整个商业链条更加顺畅。随着物联网技术的日趋成熟，物联网开始由价值传递环节全方位地渗透价值创造环节，包括技术的渗透、研发模式的改变等，比如特斯拉用信息技术和互联网理念打造汽车、用户参与和众包的研发模式。德国提出的"工业4.0"，甚至希望将互联网技术应用于"工业4.0"的各个环节，将生产工艺与管理流程进行全面融合，同时将现实社会与数字信息之间的联系可视化，制造业将成为信息技术产业的一部分。

（四）中国信息产业的发展现状及其未来发展趋势

现代信息技术的迅猛发展促使产业结构优化。信息技术产业已经成为当今中国产业结构中的重点发展产业，且逐步成为各个产业的领导者。信息技术产业的增加值高速增长，推动了其他产业的良性发展和结构升级。如今，信息技术产业已经成为中国经济发展的主要着力点，尤其是计算机软件业。通过通信业和电子信息产业可以看出中国信息技术产业发展概况及趋势。

中国信息技术产业未来的发展趋势。一是新常态下信息消费助推经济发展。中国信息技术产业基础的规模已经领先全球，各种新兴技术、新兴产品和新兴商业模式密集产生，信息消费的潜在需求越来越多地转化为现实需求，进一步提升了信息消费的战略地位，促进消费结构升级和信息技术产业的转型，同时推动中国经济向低碳化、数字化、智能化迈进。二是"互联网+"加速产业融合。中国的互联网产业处于世界领先地位，拥有如阿里巴巴、腾讯、百度、京东等全球互联网企业中排在前面的企业。互联网这一事物渗入世界的各个神经末梢，将世界紧密联系在一起，也使各项产业深度融合，并会催生出新的发展空间。比如"互联网+传统产业"催生出了互联网工业、C2B，而其关键基础则在于制造业发展路径的创新和智能制造的构筑；"互联网+金融商贸"催生出了互联网金融、移动支付和O2O，提升了虚拟空间与现实空间的融合度；"互联网+生活服务"催生了在线教育和网络社交，改变了百姓的生活方式，也使人民的生活质量得以提高。三是云计算、物联网和大数据将由概念炒作走向务实发展,这也将有利于智能制造产业的转型升级、自主信息技术产品的创新和人工智能应用的普及以及产业拓展。

这些发展趋势一方面展现出信息技术产业自身在未来的广阔发展前景,另一方面信息技术革命带动社会进步,增强了数字经济体系下信息技术对经济社会的促进作用。

第二节 数字经济的技术前瞻

数字技术是运用信息数字化的技术手段将客观世界中的事物转换成计算机可辨析的语言和信息,从而实现后续一系列的信息加工处理等应用操作的技术。数字经济世界的本质就是数据,而包括物联网、云计算、大数据、人工智能等在内的前沿技术就是为数据采集、处理、加工、再造工作服务等而产生的新技术,它们是实现数字经济的手段或工具。在数字经济发展的大趋势中,我们的很多技术理念、管理理念甚至商业模式都要随技术手段的提升而发生巨大的变化,均不可避免地要融入数字经济发展的时代洪流中。

一、云计算

(一)云计算的发展历程及现状

现代信息技术的进步与经济社会的发展对高质量信息需求的相互作用催生出云计算。一方面,互联网技术的进步增加了大众对个性化信息的需求。个性化信息需求产生信息服务,两者相互促进。互联网技术的进步扩大了互联网的应用领域和用户规模,影响力不断增强。大众信息需求涉及学习、生活、工作和娱乐等方方面面,从最初的电子邮件服务到现在的搜索引擎、网上购物、网络新闻、数字图书馆、网络游戏等,互联网已经成为社会系统必不可少的一部分,已经成为重要的基础设施。另一方面,用户对个性化信息需求的增加,促进了更先进的计算的产生。现代社会发展的速度在不断加快,人类对信息的需求在激增,需要更多的信息,也需要更先进的加工信息的技术手段来提高信息的质量。

传统的计算方式已不能处理如此大规模的数据,分布式处理模式的云计算应运而生。云计算的发展历程分为如下五个阶段：第一，前期积累阶段。云计算从计算提出开始，所以前期积累阶段包括云计算的提出，虚拟化、网格、分布式并行等技术的成熟，云计算概念的形成，云计算技术和概念的积累等。第二，云计算初现阶段。云计算的初现以 Salesforce 成立并推出软件即服务（SaaS）、又成立的 LoudCloud 推出基础架构即服务（IaaS）以及 Amazon（亚马逊）推出 AWS 服务为标志，自此 SaaS 和 IaaS 云服务都出现了，并被市场接受。第三，云计算形成阶段。云计算的形成阶段是以 Salesforce 发布的 Force.com 也就是平台即服务（PaaS）以及 Google 推出 Google App Engine 等为标志，自此基础架构即服务（IaaS）、平台即服务（PaaS）和软件即服务（SaaS）三种云服务模式全部出现。此时，IT 企业、电信运营商、互联网企业等纷纷推出云服务，云服务形成。第四，云计算快速发展阶段。当前，云计算进入快速发展阶段，云服务功能日趋完善、种类日趋多样，传统企业开始通过自身能力的扩展、收购等模式，纷纷投入云服务中，云服务同时在高速成长。第五，云计算成熟阶段。此后，通过深度竞争，竞争市场逐渐形成主流品牌产品和标准，并且形成了产品功能比较健全的市场格局，云服务进入成熟阶段。

当前，云计算的技术日趋成熟，处于快速发展阶段，云计算的运用也越来越广泛。尤其是云计算为大数据的计算提供了可能，与此同时，大数据的应用在很大程度上拓展了云计算的应用范围。

（二）云计算的概念

云计算又称云服务，是一种新型的计算和应用服务提供模式，是在通信网、互联网相关服务基础上的拓展，是并行计算、分布式计算和网格计算的发展。云计算是一种新型的计算模式，这种模式提供可用的、便捷的、根据需要并且按照使用流量付费的网络访问，进入云计算资源共享池，包括网络、服务器、存储、应用软件、服务等资源，只需投入很少的管理工作和时间，或者与服务供应商进行很少的交互，这些资源就能够被快速、及时地提供。一般来说，云计算分为三个层次的服务：基础架构即服务（IaaS）、平台即服务（PaaS）和软件即服务（SaaS）。

基础架构即服务（IaaS）是通过互联网提供数据中心、基础架构硬件以及软件资源，还可以提供服务器、数据库、磁盘存储、操作系统和信息资源的云服务模式。平台即服务（PaaS）只提供基础平台，软件开发者可以在这个基础平台上开发自己需要的应用，或者在现有应用的基础上进行拓展，同时不必购买相关的硬件设备，也不必购买或开发基础性的应用或者应用环境。软件即服务（SaaS）是一种应用软件分布模式。在这种模式下，应用软件安装在厂商或者服务供应商那里，用户可以通过某个网络来使用这些软件，不必下载安装，只需通过互联网与应用软件连接即可使用。它也是目前技术更为成熟，应用上也更为广泛的一种云计算模式。人们所获取的云资源大多基于软件即服务。云计算改变了传统的IT商业模式，使消费模式由"购买软硬件产品"逐渐转变为"购买云服务"。

（三）云计算的特点

云计算的基本理念是将诸多复杂的计算程序、设备等资源放进"云"里，通过提高"云"的计算能力，降低应用客户端的负担，使应用客户端简化成一个单纯的输入输出设备。云计算主要具备以下特点：

虚拟的集中式与现实的分布式处理，动态地对资源进行分离与分配。云计算支持大量用户在任意的位置通过客户终端和高速的互联网将分布于各处的云资源虚拟地集中在一起，从而使客户能够快速地获得从原资源里分离出的服务。"云"将用户所请求的资源从原资源中分离出来，分配给用户，无须回收资源，提高了资源的利用率。

降低客户终端设备要求，且通用易扩展。云计算对客户终端设备的要求极低，用户不需要购买高配置的终端设备，也不需要购买或者开发高端的先进的应用程序，只需要配备适合获取云资源的基础应用环境即可。比如，用户只需要一个手机，并在浏览器中输入URL就可以轻松地获取自己需要的云资源。同时，云计算不针对特定的应用，而是只需要一般的相关设备即可获得云资源，形成的"云"规模可以动态伸缩，满足应用和用户规模增长的需要。

自动化集中式管理降低成本和技术门槛。云计算采用特殊的措施和极其廉价的节点构成云资源共享池，通过自动化集中式管理，向用户提供优质的云资源和应用开发环境，从而使很多企业不用再承担高昂的数据、资源等管理成本和研发成本，进而降低了技术开发的门槛，提高了资源的利用率。

按需提供服务，数据安全可靠。通过"云"计算，用户可根据自身需要，向"云"请求所需要的资源，然后获得"云"分配的资源。同时，在云计算的应用模式下，人们可以将自己的资料、应用等上传至云资源池中，用户只需要连接互联网即可访问和使用数据。此外，多副本容错、计算节点同构可互换等措施保障了数据的安全性，从而使数据共享和应用共享变得更加便捷、安全、轻松。对于"云"数据和相关的基础设施，一般会有专业的 IT 人员进行维护，及时地对病毒和各类网络攻击进行防护，用户对客户终端进行日常的管理和维护即可。

（四）云计算的经济价值与社会价值

云计算是创新型的计算、处理和服务模式，为许多行业的营运管理、决策管理和信息数据的计算处理提供了全新的解决方案，突破了使用者的技术障碍，以简单、方便、低成本、随需随取随扩展的方式获取更为优质的计算资源，从而使原本需要使用者自己处理的复杂计算变得简单起来，使用户可以减少对中间计算过程的关注而专注于最终结果，使很多没有技术资源的用户通过云资源共享池获取所需的计算资源。云计算使人类的社会生产分工更加系统化、专业化，优化了资源的配置方式，提高了资源的利用效率。因此，云计算具有高度的经济与社会价值，具体体现在以下几方面：

第一，整合信息资源与服务，提供专业化的计算服务，优化资源配置，提高资源利用率。云计算整合信息服务与计算服务，同时集中了各类相关资源服务，创建了一个基于互联网的集中式的、开放性的信息与计算服务平台。基于一个平台，云计算就可以满足数十亿用户的计算需求，极大地提高了整个社会的信息化率。同时，"云"资源根据用户的需求提供相应的云服务，避免了资源的浪费，提高了整个社会的资源配置效率和资源利用率。例如，在云计算模式下，中小企业想要对企业进行信息化改造、信息化管理，不需自身购买或开发像 ERP（企业资源计划）一样的信息管理系统，甚至普通的财务软件都不必购买或开发，企业只需要购买相关的云服务，如云 ERP、云财务等。尤其是部分中小企业，它们的技术水平低、经济实力弱、发展速度缓慢，可通过云服务获得技术支持，跨过技术瓶颈，促使企业升级。

第二，集中优势，发展规模经济、范围经济、速度经济，降低社会生产成本和投资风险。从供给角度分析，云计算呈现边际收益递增，包括规模报酬递增与范围报酬递增。云计算初始固定成本投入较高，可变成本投入逐渐降低，导致边际成本递减，平均成本降低，甚至在超过一定范围后，边际成本几乎接近为零，边际收益递增，使企业享受到规模经济带来的好处。在云计算中，无论是基础设施、平台还是软件，都需要较高的初始固定投入。但是一旦建成，就可以通过反复使用进而降低成本投入，甚至形成一定规模后，不需要成本投入。从需求角度分析，云计算使原有的自建或购买产品模式转变为租赁服务模式，由于集中优势和规模经济，云服务提供商可以以较低的成本提供服务，根据摩尔定律，摊薄了固定资产投资的同时获得了更加快捷和低价格的服务。这种租赁服务的模式使整个 IT 建设和营运成本降低了 50%，也降低了用户将大量资金投资于 IT 资源基础设施建设而导致资金链条断裂的风险。

第三，降低 IT 技术壁垒，扩展用户规模。现代经济的高速发展，对 IT 的要求越来越高，所要求的 IT 应用也越来越复杂，大多企业面临信息技术壁垒的挑战，尤其是中小型企业。在传统模式下，企业需投入大量的人力、物力、财力和时间去研发符合自身需求的信息化系统，但是很多时候效果不是很理想，甚至于出现投入无产出，甚至会造成公司内部管理的混乱。而通过云服务获取计算资源，企业可以更加专注于核心业务，中小型企业也可以摆脱技术约束，实现技术升级、规模升级。

第四，整合数据资源，挖掘大数据的潜在价值，消除体制障碍。云计算提供了统一的计算和服务平台，使数据资源集中，形成海量的动态数据集合。单台电脑或单一服务器在面对规模庞大、无统一结构、零散的数据集合时，处理能力较弱，而云计算的分布式处理平台为大数据的处理、分析提供了可能，增加大数据的潜在价值。在某些具体的领域，云计算还能消除体制的弊端。例如，电子政务云与公共服务云就打破了部门分割和部门利益，实现了信息共享与业务协同，促进了服务型政府的建设。对于医疗、教育、社保、文化等公共事业单位，在信息化发展到一定程度时必然将遇到信息共享与协同困难的问题。部门内部或小团体为维持自身利益，总会想方设法地阻碍信息共享，于是便形成了"信息孤岛"。电子政务与公共服务引入云计算，将各部门的信息资源整合集中在统一的平台上，既消除了"信息孤岛"、解决了信息冗余带来的存储资源浪费和数据的不一致问题，又使信息资源更大范围地得到利用，充分发挥其效用。企业采用私有云应用，也能很好地解决企业内部各部门之间信息共享的问题，使业务更加趋于协同效率。

第五，增强 IT 资源的综合集成，以此来促进智能管理与服务的实现。集中的 IT 资源，不仅提供了集中计算、统一管理、整合运行的技术支撑，还增强了统筹规划和顶层设计的能力。云计算创新了城市管理与服务，使城市各部分有机地结合在一起，便于实现智能管理。例如，云交通通过云服务平台整合现有资源、统一指挥、高效调度平台里的资源，显著提升了处理交通堵塞、突发事件等的能力。

（五）我国云计算发展现状

近年来，我国云计算发展迅速。云计算在我国从概念性阶段逐步进入实质性发展阶段。云计算在我国的发展阶段大致可以分为三个阶段。

第一阶段：云计算萌芽阶段。从市场的角度看，主要是云计算市场的培育阶段。该阶段的特点是云计算的概念模糊，人们对云计算认知度普遍很低以及云计算技术也还不成熟。关键在于云计算开发商各自为政，没有形成统一的技术标准。

第二阶段：云计算成长阶段。云计算市场也进入成长阶段。该阶段的特点是云计算应用案例迅速增加，而且云计算也得到了我国 IT 市场比较深入的了解和认可，云计算发展进入实质性阶段，商业应用的概念开始逐步形成。在此期间，云计算技术得到迅速发展，云计算市场规模也得到迅速扩大。

第三阶段：云计算成熟阶段。云计算市场进入成熟阶段。该阶段的特点是云计算提供商的竞争格局初步形成，云计算技术更加成熟，对于问题的解决方案也更加成熟。此时，云计算市场规模进入稳定发展阶段，SaaS 模式成为主流应用模式。

二、物联网

（一）物联网的发展历程及现状

物联网还处于概念起步阶段，虽然物联网在很多方面已经得到应用并且取得很好的效果，但是还远没有达到人类提出物联网的初衷，或者说是远没有达到人类想要通过物联网促成人类社会革新的目的。尽管如此，物联网技术的发展仍然受到世界各国的高度重视。

从国内看，我国"物联网"的研究、开发和应用工作进入了高潮。至今，物联网的应用越来越广泛，与其他技术、其他行业的深度融合也在不断加剧。

（二）物联网的概念

物联网就是物品与物品相连，实质是提高物与人联系的能动性和人对物的感知性，具体而言是所有的物品通过射频辨析（RFID）、红外感应器、全球定位系统、激光扫描器、气体感应器等智能感知辨析技术与互联网，传统电信网等信息载体连成一个覆盖范围更广的"互联网"。实现了物品与互联网和通信网的有机结合，实现了人类社会与物质系统的有机整合，人类可以及时了解自身所需物品的多维信息，如哪里有库存、数量、质量、在途中哪里等。

物联网结构上总体可归纳为三层：感知层、网络层及应用层。物质系统通过感知层、网络层、应用层与人发生联系。物联网通过传感器、RFID等将物质系统纳入网络，而传感器、RFID等则借助自身植入的具有一定感知、计算以及执行能力的嵌入式芯片和软件，使物智能化，通过互联网等通信网络实现信息传输和共享，进而使物与物、人与人和人与物实现全面通信。这包括人与人之间的通信，但如果只考虑人的问题，通信发展是会受到制约的。物与物之间需要通信，而且物与物的通信也将创造价值，从而也为通信的发展提供动力和机会，即物联网的价值所在。

（三）物联网的特点

物联网是互联网的拓展，将联系人与人的互联网拓展到了物质世界，它包含了传统互联网的所有特征，与过去的互联网相比也有自己的特点：一是物联网具有全面的感知性。物联网应用多种感知技术，通过部署大量的各种传感器获得信息，每一个传感器都是获取信息的中介，每一个传感器所接收的信息也不同。二是物联网能进行准确、可靠的传输。互联网仍然是物联网的内在基础和核心，物联网借助各种广泛的有线和无线网络实现与互联网的融合，使物的信息能够实时、准确地传递出去，实现物的智能化，进而使传统互联网的覆盖范围得到更加广泛的扩展。物联网可以将终端上的数字化、微型化、智能化的传感器定时采集的信息依靠互联网等通信网络传递出去。因其数据量巨大构成了海量信息集合，为确保信息传输的及时性和可靠性，物联网需要适应不同的异构网络和传输协议，以实现高速且可靠的传输。三是物联网能够实现智能化处理。物联网提供连接传感器的方式和智能化处理的能力，以实现对物智能化控制。传感技术和智能化处理的广泛结合，使物联网可以更加深入、更加广泛地利用云计算、专家系统、遗传算法和模式辨析等各种智能技术，拓展其应用领域。同时，为满足不同用户的多样化需求以及发现更符合需要的应用模式或应用领域，物联网可以从传感器获取的海量数据信息中分析、提取和加工出所需要的数据信息。

物联网的本质特征归纳起来主要有三个方面：首先，具有互联网特征，即对需要相互联系的物一定要能够形成互联互通的网络。其次，具有自动辨析与通信特征，即纳入物联网的"物"一定要具备自动辨析与物物通信的功能。最后，具有智能化特征，即整个物联网系统应具有自动化辨析、自我反馈与智能控制的特征。

对物联网整个系统进行分析，物联网还具有以下系统性特点：一是即时性、连续性特点。人们借助物联网能够随时随地、不间断地获得物联网世界中物与人的信息，包括属性以及现实状态等信息。二是加强了物质世界之间的联系，加强了人与物质世界的联系。物联网使物质世界更加普遍地连接以及更加广泛地联系，因物联网的不断拓展，这种连接和联系还在不断加深、加强，这种连接与联系的加深、加强很大程度上也提升了人类的能动性和物的智能化能力，促使人类世界与物质世界更深度的融合。三是物联网更具系统性。物联网的技术与其他技术的不断融合、与其他行业的不断融合，扩大了物联网覆盖的范围，体现出物联网的系统性特征。物联网为人类社会与物质世界提供了联系的纽带，确保整个世界的发展更具系统性。

（四）物联网的经济价值与社会价值

劳动是价值创造的唯一源泉，复杂的智力劳动创造的价值要比简单的体力劳动多得多。物联网通过一系列的协议、技术措施，实现了物与物的沟通、人与物的沟通，从而实现了物的智能化，使物能够自行"动"起来。在劳动方式上、生产资料与劳动者结合的方式上，简化了劳动者的具体劳动步骤，改进了物质资料的生产方式，完善了资源的配置方式，提高了资源的利用效率，创造了更多的价值，这就是物联网创造价值的本质。作为智力劳动创新所带来的技术创新的成果，物联网所创造的价值是不可估量的。

物联网一经提出便被"嗅觉敏锐"的企业嗅到其价值，而且对于物联网价值创造的研究也是从商业模式、商业价值等角度展开的。从商业模式的角度，物联网的价值创造是信息采集、传输促使管理和交易模式创新的结果，是新技术革命推动生产方式的改变引发生产效率提升的过程，实现了高效、节能的目标。从商业价值角度看，物联网通过改变物质世界的信息沟通方式、物质世界与人的世界的信息沟通方式，使得信息更加多维、全面地积累价值。物联网在经济生活中的应用主要体现在以下几方面：

第一，物联网对电子商务的推动作用。商家在自己的产品上植入数据信息传感的电子芯片，使消费者在购物网站选择购物商品的时候就比较方便。物品从生产厂家制造和包装到运输的整个过程的具体配送情况都可以通过物联网查询到。因为这些信息与地理信息系统和全球定位系统是实时连接的，所以这样的信息集合在一起便能够构成一个庞大的物流信息网络。通过扫描在物品上植入的射频辨析标签，管理人员可以获得该物品的相关信息,即可进行生产、包装的管理,质量的检查以及物流信息的检索等。

第二,物联网在交通方面的应用。汽车上植入物联网电子设备之后,就可以实现对汽车远程控制,比如汽车的自动解锁、导航的启动、车门的开关、意外情况的自动呼叫等。这样的功能使汽车可以被更好地实行远程监控。在高速公路收费站采用 ETC 通道收费,与其他现金通道对比,一条 ETC(电子不停车收费)车道约相当于 8 条人工收费车道的通行能力,有效减少了车辆停车收费所导致的空气污染、燃油浪费等问题。ETC 车道的广泛应用可以大大缩短司机通过收费站的等待时间,缓解了车流量过大排队停车导致的高速公路堵塞问题,极大地便利了人们的出行,也降低了长时间行车的成本,ETC 成为交通畅通的重要保障。随着物联网的发展,许多地区逐渐出现了跨多个城市都能使用的一卡通,为人们的长距离出行提供了便利,如为人们出行搭乘地铁、公共汽车等交通工具提供了极大的便利,也从侧面鼓励了人们多搭乘公共交通工具,减少了环境污染。

第三,物联网在数字图书馆、数字档案馆以及文物保护和数字博物馆方面的应用。在数字图书馆的管理方面,相对于条码辨析数据或者档案来说,使用无线传输的 RFID 则能够使各种文献或者文档的管理更加高效、可靠。应用 RFID 设备进行管理的时候,RFID 标签和阅读器将替代条码辨析,自动定位导航相关文献、档案和书架,智能地对不同的文献、档案进行分拣操作,这就让图书的借还可以实行全自动化操作,通过物联网可以查询具体图书和其位置,借书、还书都实现自动化。物联网在文物保护方面更具重要意义,文物的保存对于其环境因素要求很高,其所在环境的光照强度、空气湿度、粉尘比例和气体等都会影响文物的储藏,而物联网可以对这些环境进行长期监控,为文物提供最好的保存环境。

第四,物联网在卫生、医疗领域方面的应用。以 RFID 为代表的自动辨析技术使得医疗设备和药品等物品能够得到从生产到使用过程的全程监控,提高医疗设备和药品等物品的质量。还可对病人在不同时期的会诊情况进行监控,不仅可以提高医院工作人员的工作效率,也使病人能够得到便捷的就诊。

面对物联网技术的不断成熟,物联网的应用范围将越来越广泛。物联网作为新一代信息技术的代表,因其具有普遍链接、联系、整体性、系统性等特点,其对社会发展的影响是更全面而深远的。物联网将没有生气的"物"与个人、企业、市场、政府等有机地整合在一起,将各个国家、地区、民族有机地整合在一起,使全球经济、社会发展趋同,形成了一个全球共享经济体,形成了一个真正的"地球村"。

物联网将"物"与"人"(包括个人、企业、政府等)有机整合,使"人"能够感知到"物"更全、更多维的信息,甚至通过"物"感知和获得更全、更多维的其他"人"的信息,同时也增强了信息的流动性,在很大程度上,对于传统市场的信息不完全、信息不完备的情况起到了很好的完善补充作用。市场主体可以通过多方位、多渠道获得其他市场主体的相关信息,从而可在很大程度上避免由于信息不对等造成的逆向选择、道德风险等现象。如保险市场、保险公司对于投保客户的情况调查便可通过物联网获得信息,通过大数据技术分析信息,对客户进行准确定位。与此同时,物联网推动了全球一体化的进程,使企业可整合资源趋于全球化,使关联企业、关联产业的联系更加紧密。

社会生产的总过程是由生产、分配、交换、消费四个环节组成的,它们相互联系、相互制约。在实际的生产总过程中,生产关系、分配关系、交换关系、消费关系可能存在严重的失衡,造成一系列的经济矛盾、社会矛盾,而物联网可以促使这四方面的关系更加协同,使这四方面的关系在动态中达到平衡,促成和谐。

(五)我国物联网发展现状

我国物联网的发展阶段历经学习研究阶段、政府推动阶段以及应用推广阶段。随着我国物联网政策的日益完善,物联网逐步产业化。政府对物联网的发展在政策以及资金方面都提供了大力支持,物联网技术迅速进步,物联网产业规模也逐渐扩大,尤其是应用领域不断扩大使相关产业的资源整合不断优化。随着物联网技术的进步、应用领域的不断扩大以及与相关产业融合的不断深入,我国物联网的发展除了具备世界物联网发展的共同特点外,还具备以下特点:

一是多层次的政策驱动是现阶段我国物联网发展的主要动力,同时政府积极参与其中,推动物联网不断发展。随着世界物联网的不断发展以及物联网给世界带来的变化不断凸显,我国政府越来越意识到发展物联网的紧迫性。同时,我国物联网发展取得的阶段性进展,推进了我国政府发展物联网的信息化。我国政府对物联网的支持力度持续加强,物联网的发展逐步成为推进我国信息化工作的重点。尤其是工业化与信息化的深入融合,推动了经济结构的转型,促进了经济的发展,于是各地政府纷纷响应政策的号召,高度重视物联网的发展情况。

二是我国物联网各层面技术成熟程度不同,传感器技术是攻坚克难重点。总体来看，物联网的技术门槛似乎不高，但核心环节、关键技术的成熟度参差不齐，导致物联网产业标准制定和应用发展迟缓。

三是物联网产业链逐步形成，物联网应用领域逐渐明朗。经过业界的共同努力，国内物联网产业链和产业体系逐渐形成，产业规模快速扩大。安防、交通和医疗三大领域，有望在物联网发展中率先受益，成为物联网产业市场容量大、增长显著的领域。

三、大数据

（一）大数据的发展历程及现状

随着互联网等技术的成熟以及云计算、物联网技术的迅速发展，大数据作为一种创新型的数据处理方式、处理技术由此诞生。

总体上大数据的发展状况是，作为创新型的数据处理技术，大数据与云计算、物联网的融合程度正在不断加深。作为创新型的信息分析工具，大数据与物理学、生物学、环境生态学等领域以及军事、金融、通信等各类行业产业的融合程度也在不断加深。大数据分析的强大作用，使大数据从商业领域跨到了公共服务、外交等各个领域。大数据已成为一个国家竞争力强弱的核心要素，已经成为引领人类社会未来的指南针。

大数据发展规模的不断扩大，正是由大数据技术与越来越多的产业不断融合以及相关技术的进步从而推动大数据技术的不断创新引起的。

（二）大数据的概念

随着计算机、互联网全面地融入社会生活以及信息技术的高速发展，人类已经进入信息爆炸的时代。当信息量累积到一定程度的时候，就产生了"大数据"这个概念。数据作为重要的生产要素已渗透当今的每一个行业当中，对海量数据的挖掘效率和运用效率将直接影响新一轮生产力的增长。大数据是指数据量的大小超出常规的数据库工具的获取、存储、管理和分析能力的数据集合。一般认为，大数据即指海量的、结构复杂的、类型众多的数据构成的集合，其本质为所反映的信息是多维的，能够对现实做比较精确的描述，能够对未来情况做比较精准的预测。

（三）大数据的特点

大数据的特点并非固定不变的，随着现代信息技术、数字技术的高速发展，大数据的特点也是发展变化的，或者可以这么说，大数据本身具有的特点，随着技术的发展会凸显出来。大数据发展至今，人们对大数据的认识也在不断加深，一般认为大数据的主要特点为如下几点：①数据量大。传统数据的处理大多是基于样本统计推断，所能搜集到的样本量也是极小的，所以搜集、存储、处理的数据都是非常少的。而进入大数据时代，各种各样的现代信息技术设备和网络正在飞速产生和承载大量数据，使数据的增加呈现大规模的数据集合形态。②数据类型多样。传统的数据大多是结构化的数据，如调查表等自制的统计表，也有部分的半结构化数据，如针对所需要的目标统计资料而搜集的需要加工改造的其他统计资料。总的来说，数据类型较为单一。而进入大数据时代，数据的结构极为复杂，数据的类型也极其繁多。不仅有传统的结构化文本数据，其中还包括半结构化和非结构化的语音、视频等数据，包括静态数据与动态数据。③数据搜集速度快。大数据内在要求使其对数据的搜集、存储、处理速度必须非常快。大数据是以数据流的形式存在的，快速产生，具有很强的时效性。如何更快、更高效、更及时地从海量数据中搜集所需要的数据并及时处理，是从大数据中获取价值的关键之一。④数据价值。虽然大数据具有海量的资料，但是对于具体数据的需求主体，其真正有价值的部分还是有限的，即大数据的价值密度是极小的，但是较基于样本统计推断的传统数据而言，大数据中有价值的部分也是接近总体的，所以大数据必然是极具商业价值的。⑤数据真实，即数据的质量真实、可靠。传统数据下，官员为政绩、学界为交差、商界为名利，注水性数据导致硬数据软化特别严重，传统数据的质量是深受怀疑的。大数据情况下，虽然为了既定目标经过处理后的大数据可能会出现掺水造假，但是原始的数据资料是造不得假的。当对处理后的数据产生怀疑时，大可以对原始大数据进行复核，大数据具有真实性的特点。⑥数据是在线的。数据是永远在线的，是随时能调用和计算的，这是大数据区别于传统数据最大的特点。数据的在线性也为数据的共享提供了可能，数据又具有共享性。⑦数据的可变性。海量的数据并不都是所需要的，所以要将数据处理改造成自身所需要的。不同的个人、企业等主体对数据的需求是不同的，但是可以从相同的数据池中取得数据源并处理成自身所需要的数据，所以大数据具有可变性。⑧数据的高渗透性。越来越多的行业对信息的数量、质量需求越来越高。随着大数据与各个行业、产业的结合，与社会经济生活的融合，大数据将具有更多与具体的技术、行业、产业融合而产生的新特点。

对大数据的特点进行全面认识和分析后，发现大数据的首要特点是海量的数据，而海量信息的本质是包含多维的信息、全面的信息。相较于传统的大数据特点，从海量的数据中获得所需要的信息更为重要。一般来说，大数据处理基本流程包括数据源、数据采集、数据处理与集成、数据分析、数据解释五个步骤。

（四）大数据的经济价值和社会价值

近年来，在以云计算、Hadoop 为代表的数据分析技术、分布式存储技术的帮助下，对积累的数据进行全面的分析成为可能，各行各业纷纷以构建大数据的解决方案作为未来战略的主要方向。大数据的价值点就在于海量的数据、全面的信息，更准确地模拟现实世界，从而精准地预测未来。大数据的经济价值和社会价值主要体现在大数据对企业、政府、产业这三方面的促进作用上。

第一，大数据促进企业创新，优化企业资源配置。首先，大数据促进企业更深入地了解客户的需求。传统的了解客户的方式主要是调查问卷、电话访谈、街头随机问话等，这些传统的方式，所获得的数据量是极少的，也会受调查区域的制约，所调查的数据也缺乏代表性。但是应用大数据，通过互联网技术可以追踪到大量的对本企业感兴趣的客户，运用相关性分析客户的偏好，对客户进行精准分类，从而生产或提供客户满意的商品或服务。其次，大数据促进企业更准确地锁定资源。应用大数据技术，企业可以精准地锁定自身发展所需要的资源。企业可以对搜集的海量数据进行分析，了解到这些资源的储备数量和分布情况，使得这些资源的分布如同在电子地图上一样，可具体地展现出来。与此同时，大数据促进企业更好地规划生产。传统方式下的企业生产具有很大的盲目性，企业依据市场价格的涨落并结合自身的经验，推测市场是供不应求还是供过于求，以此确定企业生产什么、生产多少。但是通过应用大数据来规划生产框架和流程，不仅能帮助企业发掘传统数据中难以得知的价值组合方式，而且能够对组合生产的细节问题提供相关的一对一的解决方案，为企业生产提供有力保障。此外，大数据能够促使企业更好地运营。传统企业的营销大多依靠自身资源、公共关系和以往的案例来进行分析和判断，得到的数据不仅模糊不可靠，而且由于市场是动态变化的，得到的数据可能有很大偏差。应用大数据的相关性分析，企业的运营方向将更加的直观且更容易辨析，在品牌推广、地区选择、整体规划方面更能从容应对。最后，大数据能够促进企业更好地开展服务。对于提供服务或需要提供售后服务的企业，服务不能满足客户而造成客户流失是一个不得不面对的问题。可面对规模庞大、地域分布散乱和风俗习惯各异的客户，企业在如何改进服务、怎么完善服务方面总是显得力不从心，甚至有时候精心设计提升的服务却不是客户所需要的。但是大数据可以针对顾客群体细分，然后对每个群体量体裁衣般采取独特的行动，同时根据客户的属性，从不同角度深层次分析客户、了解客户，以此增加新的客户、提高客户的忠诚度、降低客户流失率、提高客户消费等。

第二，优化社会公共服务，提升政府决策能力，以此来促进政府管理创新。大数据能够提高社会管理与服务水平，推动政府相关工作的开展，提高相关部门的决策水平、服务效率和社会管理水平，实现巨大的社会价值。大数据也有利于政务信息的公开。数据开放是趋势，大数据的应用可以助推云计算打破"信息孤岛"，实现信息共享，促进政府部门之间信息的衔接。应用大数据技术可以检验政务部门在云计算平台上共享数据的真伪，从而在一定程度上监督政务部门公开真实信息，形成用数据说话、用数据管理、用数据创新的政务管理模式。

第三，助推传统产业升级，优化市场结构。大数据具有科学、专业、精准的分析和预测功能，有利于推动经济结构的转型、产业的升级。大数据能够促使经济增长方式由"高投入、高消耗、高污染、低效益"的粗放型经济增长方式转变为集约型、精益型的经济增长方式。利用大数据分析，每一个企业规划生产都能做到科学生产、精益生产、低碳生产。同时，在分析需求时，又能准确地分析出各个阶层、性别、年龄段等不同类别的消费者需要什么、需要多少，甚至什么时候需要，即C2B的商业模式，这样的模式降低了行业内部盲目竞争的程度，提升了商品生产的能力。大数据还能增加市场的透明度，使市场主体能得到更多的信息，使市场主体的经济行为更趋于理性。同时，因为信息透明度提升，市场主体之间信息共享度提升，尤其是诚信信息，这将增强市场主体诚信经营的意识，促进市场信用机制的完善。大数据对于解决市场的滞后性、盲目性有巨大的作用。大数据的精准预测能力增强了市场主体对市场变化的了解。针对市场的变化，市场主体可以提前做好采取某种对策的准备，且由于大数据所搜集的信息的多维性、全面性，市场主体可以考虑市场多方面的变化，预先制定应对不同变化的策略，减少其市场行为的滞后性和盲目性。

一方面，大数据推动了政府对市场的了解，以便政府更好地处理与市场的关系，更好地发挥政府的作用。另一方面，大数据使市场这只"看不见的手"越发的透明化，使市场存在的诸如外部性等问题能及时暴露出来，政府这只"看得见的手"便能通过制定相应的规则规范市场或者及时出手干预，以保证市场的良好运行。

（五）我国大数据发展现状

大数据作为一门新兴产业，在我国的发展还处于市场初级阶段。从结构上看，我国大数据市场与其他市场存在一定的区别，在我国大数据市场中，软件比重较大，而服务比重较小。我国大数据发展的问题大体有以下三个方面：

一是大数据商业应用程度还比较低，大数据产业发展结构不均衡。大数据产业处于割地而立的阶段，各企业只占大数据中一块小的细分领域，很难变大变强。部分领域又存在激烈竞争，如舆情监控。总而言之，我国大数据产业还处在极度分散的状态，优秀的人才分布在不同企业，很难形成人才合力。各家企业规模小，很难将企业做大做强，也很难利用大数据帮助企业实现业务提升。大多数企业的工具和数据很难满足企业整体的数据要求，中国的数据挖掘和产品分析也很难和国外的产品进行竞争。

二是我国大数据相关的政策法规存在滞后性。政策法规的滞后性是我国大数据应用面临的最大瓶颈，如隐私问题、数据开发和数据的共享与保护。大数据要形成海量的数据库，必然会涉及数据的共享，在共享中又要注意保护数据的隐私问题以及数据提供企业的相关权利。

三是我国大数据企业里，大部分企业还是应用的结构化数据，非结构化数据应用较少，这就使我国很难形成真正意义上的"大数据"。从计算的方式看，大部分企业选择自建大数据平台，很少企业通过云计算实现，这也约束了我国大数据产业的发展。

四、人工智能

（一）人工智能的发展历程及现状

人类社会的生产创新大致分为三个阶段。第一阶段是引入机器提升农业产量。农业一直是人类经济增长的支柱，而引进的机器标志着思想和机器之间的关系的根本转变——技术可以用来减少工作量。第二阶段是工业革命，开始制造单一动作能力更强大的机器以发展工业，此后不断推动和拓展工业生产走向自动化道路。在第一和第二阶段中，人类使用机器来替代人类从事的一些较为困难和烦琐的工作，机械器具忠实地执行着人类的判断和意志，这也是上述两个阶段与第三阶段的本质差别。

同时，在过去的很长一个时期，人类都认为工业革命是生产力飞速增长的唯一方式。然而，我相信我们现在正处于这一进化过程的第三阶段，人类正在帮助机器获得思维能力，获得更高的精度和更快的速度，以超越人类在智力和控制方面的极限，第二次获得生产效率的突破。这一突破将开启人类发展史上一个全新的维度，也因此会产生另一个加速经济增长的重大突破。

多数人仍然低估了第三阶段（人工智能阶段）的经济潜能。实际上，除经济发展的固有周期性因素外，还因为我们正处于人工智能创新阶段的初期，我们正在经历全球经济体系的"自疗"过程。从微观角度来看，由于电子商务模式的挤压，制造企业的利润一再下滑，第三阶段的实质是制造业创新的积极性受到打击，人类社会中实物产品的品质并没有得到本质提高。从宏观视角来看，全球性金融危机和经济衰退并没有好转，包括中国在内的部分地区的经济又出现下行走向。上述微观、宏观的现象恰恰是全球产业调整、生产工艺革新、生产组织方式革新的必然周期规律。历次技术革命都会给传统产业以及以此为生的人群带来巨大冲击，同时也会改造和提升传统行业，如果不积极主动转型，就会在后一个时期"落后挨打"。因此，地方行政管理者与企业家不能为市场的悲观情绪所左右，而应积极寻找新型工业经济发展的机会。

人工智能的主要研究路径如下：一是符号计算，或称代数运算。是一种以符号为处理对象的智能化计算，符号可以代表整数、有理数、实数和复数，也可以代表多项式、函数、集合等。二是模式辨析。模式辨析就是借助计算机应用数学的方法来研究模式的自动处理和判读。计算机技术的发展为人类研究复杂信息的处理过程奠定了技术基础，也为计算机实现对文字、声音、物体、人等的自动辨析提供了技术可能。三是专家系统。专家系统就是通过搜集各领域专家的知识和经验以及进行推理和判断的数据，融合计算机技术和人工智能技术开发出来的模拟人类专家解决专业领域问题的计算机程序系统。借助该系统可以模拟出人类专家的决策过程，以实现复杂问题都能得到专家处理的理想境况。四是人工神经网络和机器情感，即以现代神经科学的研究成果为基础，模拟神经元的处理方式，构造出来的由大量人工神经元互联组成的非线性、自我学习的信息处理系统。该系统试图让机器、计算机等通过模拟人脑神经网络记忆和处理信息的方式进行信息处理，使机器、计算机等具有"人"的感情和思想。

数据催生出模型，模型又催生出模拟，模拟可使人工智能成为可能，人工智能又带来智能社会。随着云计算、物联网和大数据等技术不断深入发展，人工智能与这些技术的融合也在不断加深，人工智能将使这个社会趋向广泛的智能化。云计算、物联网、大数据和人工智能对数字经济的技术性基础支撑作用将越来越重要，全面的数字经济社会即将到来。

（二）人工智能的概念

人工智能是计算机科学、控制论、信息论、神经生理学、心理学、语言学等多种学科互相渗透发展起来的一门综合性学科。它是研究如何开发智能机器、智能设备和智能应用系统来模拟人类的智能活动，模拟人的行为、意识等，模仿、延伸和扩展人类的智能思维。人工智能的基本目标是使机器设备和应用系统具有类似人的智能行为，确保它们可以思考。

（三）人工智能的特点

人工智能发展以来，其应用领域越来越广泛，包括专家系统、智能控制、语言和图像理解、机器人学、机器人工厂、遗传编程等方面。这些应用领域虽有很大不同，但都体现出人工智能的以下特点：

首先，人工智能既综合又极具开放性。人工智能涉及认知科学、哲学、数学、神经生理学、心理学、计算机科学、信息论、控制论、不定性论等学科，并且随着这些学科的发展而发展。人工智能在随多门学科发展而发展的同时还能及时汲取时下的先进技术，及时与各方面技术有机融合，促成人工智能的更新换代，可使人工智能更具时代特点。如人工智能与时下热门的云计算、物联网、大数据等技术的融合，使我们的智能系统、智能领域范围不断扩大，由智能交通、智能城市扩展到智能社会、智能时代。

其次，人工智能既应用广泛又极具实践性。人工智能是一门对人的模拟的学科，我们的目标是让机器或组合形成的系统能完成人的工作，甚至在计算、处理速度等方面超越人，所以人所从事的工作领域都是人工智能正在或潜在的设计领域，包括从低层的操作到高层的决策，人工智能都能得到充分的应用。同时，当其在某个领域内得到应用后，就逐渐转化为该领域内的问题，即人工智能具有外向性。

最后，人工智能是知识型、智力型的科学技术。人工智能的发展速度极快，在发展中总有很多创新型的技术成果出现。人工智能对于现代技术，包括计算机技术、电子元件制造技术及信息技术等要求是很高的，这势必要使大量的、具有丰富的知识和极高智力的技术性人才参与其中。

（四）人工智能对人类社会的影响

人工智能的发展正在深度影响和改变着人类社会，它对人类社会的影响涉及人类的经济利益、社会作用和文化生活等方方面面。

第一，人工智能对经济利益的影响。计算机等硬件设备价格的持续下降为人工智能技术的广泛应用提供了可能，进而带来更可观的经济效益。比如将人工智能应用于专家系统的构造。专家系统通过模拟各领域专家的知识和经验来执行任务，成功的专家系统带来的执行结果如同专家亲临一样并且可以反复利用，可以大规模地减少培养费用和劳务开支，给它的开发者和拥有者及用户带来可观的经济效益。

此外，人工智能还能推动计算机技术的深入发展。人工智能研究正在对计算机技术的方方面面产生重大影响。人工智能应用对计算提出了更高的要求，要求计算机必须能够胜任繁重的计算任务，这在一定程度上促进了并行处理技术和专用机成片开发技术的进步，促使自动程序设计技术、算法发生器和灵活的数据结构开始应用于软件开发。所有这些在人工智能的研究过程中开发出来的新技术，都推动了计算机技术的发展，同时也提高了计算机对人类社会经济发展的贡献度，给人类带来更多的经济利益。

第二，人工智能对人类社会的影响。一方面，人工智能改变了传统的就业方式。因为人工智能可以替代人类执行各种体力和脑力劳动，促使社会经济结构和就业结构发生重大变化，从而造成大量的摩擦，甚至造成部分人口永久性地失业。人工智能广泛应用于科学技术和工程项目，会造成部分从事信息处理活动的人丧失机会，从而不得不对原有的工作方式做出重大改变。另一方面，人工智能促进社会结构的改变。随着技术的进步，人工智能以及一些智能机器设备正在逐步替代人类从事各种社会劳动。事实上，人类社会结构随着人工智能近年来的发展，也受到潜移默化的影响，由"人—机器"的社会结构逐步变为"人—智能机器—机器"的社会结构。此外，人工智能还促进人们思维方式与观念的改变。人工智能的进步以及应用的推广，对人类的思维方式和传统观念产生了重大影响，甚至促使这些思维方式和传统观念发生重大改变。例如，人工智能系统的知识数据库对库存知识可以自我辨析、自我修改及自我扩充和更新，这是对印在书本、报纸和杂志上的传统知识的重大改变。作为一种高新技术的人工智能是一把双刃剑，它的高速发展使一部分社会成员从心理上感觉受到威胁。人类与冰冷的机器之间的重大区别是只有人类才有感知精神。在人工智能的实际应用领域中有自动规划和智能搜索，人类可以用人工智能来规划自己的明天，例如，用神经网络去逼近现实和预测明天，根据预测的结果，机器自动做出规划。这就是人工智能的特点。很多事可以让人工智能去做，从而把人类从繁忙的工作中解放出来。

第三，人工智能对文化的影响。人工智能可以改善人类语言模式。根据语言学的观点，思维需要语言这个工具来具体表现，语言学的研究方法可以用来研究思维规律，但是人的某些潜在的意识往往是"只能意会，不可言传"。而人工智能技术的应用，结合语法、语义和形式的知识表示方法，使得知识更加便于用自然语言来表示，同时，也更加适合用人工智能的形式来表示。人工智能还能改善文化生活。人工智能技术拓宽了人类文化生活的视野，打开了更多全新的窗口。例如，人工智能中的图像辨析和处理技术势必会影响到涉及图形广告、艺术和社会教育的部门，还将影响到智能游戏机的发展，使其成为更高级更智能的文化娱乐手段。

第四，人工智能发挥作用的漫长过程。人工智能将重塑产业格局，引领新一轮工业革命。人工智能将在国防、医疗、工业、农业、金融、商业、教育、公共安全等领域取得广泛应用，催生新的业态和商业模式，引发产业结构的深刻变革，对传统产业产生重大的颠覆性影响。未来人工智能将在大多数领域替换掉人类烦冗而复杂的工作，将人类解脱出来，同时这波创新也将是一个漫长而又多产的过程。

（五）我国人工智能发展现状

我国成立了以"学术研究、学术交流、学术教育、学术咨询、学术评价"为基本任务的"中国人工智能学会"。在未来的很长时间里，我国除了加强人工智能的理论研究工作，还需要进一步提高我国的工业基础能力，加强对科技人员的教育，提高对应用技术的自觉性，进一步推进"产学研"相结合的体制和机制的改革。

第三节　数字经济的创新管理

随着数字技术的进步、数字产业的不断发展，一种由实物和数字组合而成的崭新的创新舞台正展现在我们的面前。然而，与数字化技术在产业重构过程中越来越占据中心地位的趋势相比，实现数字化革新越来越困难，越来越多的企业与地区对数字化革新充满希冀与恐惧。20 世纪 90 年代的第一代数字化浪潮加速了企业内部的流程优化，且现代的数字化革新已经超出了企业内部范围，面向客户开发的"纯数字产品"与"整套解决方案"已经渗透企业与外部竞争环境博弈的各个层面。现代数字化革新过程特别迅速，难以预测和控制，这是区别于传统工业时代和数字化初始阶段新过程的。

一、数字化革新的实施方式

管理数字化革新过程具有独特性，吸引了越来越多学者探索其新的价值创造方式。

（一）数字化革新的核心理念与价值

数字化革新是指利用数字技术，可将数字与实物组件进行重新组合创造新产品，以提升产品和服务的价值，开启企业发展的新领域，并借此挑战现有市场格局，最终引起该领域商务模式和生产模式的转变。数字化革新经历电气自动化阶段后，已经进入完全数字内容产品与数字智能阶段（通过实物产品的动作指挥、位置确认、模式选择、自我学习以及记忆回溯等数字化技术完成实物产品的人工智能行为）。数字化革新可以改变现有的价值生成结构，产生强大的新价值生成力：数字技术不仅可以创造新的产品，而且可以协助企业提升组织运营效率，获得新的商业模式。数字技术支持企业开发和运行多个并行的商业模式，创造了企业成长适应性与灵活性的新价值，而这些价值不仅有益于企业，还为整个数字商业生态系统拓展了新边界。

就数字化革新的价值而言，一方面，数字化革新是通过技术杠杆放大了企业的组织适应性、业务开拓性和技术灵活性。这是一个系统属性，通过与外界之间的高频次交互改善企业能力，又被称为自生成拟合。实现企业的自生成拟合创新原本是十分艰难的，然而，模块化技术与理念打通了数字技术的相互依存关系，实现了自生成拟合创新的技术突破，这就是典型的技术杠杆放大作用。另一方面，数字化革新使组织从独立个体的视角重新审视其在现有数字社会网络中的空间价值。在数字商业环境中，通过数字化网络提供新的整套商业解决方案以及寻找全新机遇的能力是数字化革新的重要价值，这一价值侧重企业在数字化商业空间中的位置，这些新现象与新方式需要我们重新定位并深刻认识数字化革新的价值。

（二）数字化革新的一般策略与特征

数字化革新已经经过了一个由简入繁、日渐丰益的过程。以网络购物为例，数字化革新以简陋的订购目录展示和电子邮件商务的形式登上历史舞台。然而，经过不断演进，现有的以在线推荐系统、比价系统、定位系统、陈列系统以及长尾体系为主要利益来源的在线销售模式日趋完整与完善。上述数字化革新看似复杂，究其本质，可一般化为两种策略：数字嵌入策略和完全数字策略。

数字嵌入策略是指将嵌入式数字组件植入实物产品或者机械系统，使产品升级为智能实物产品，同时利用数据的在线和移动服务，不断改善产品或服务的品质。在日常生活中，我们可以观察到微智能技术在家电领域（自动扫地机、智能电视等）的广泛应用，应用了客户竞争报价与实时呼叫系统的新型出租车企业正在改变传统出租车行业等现象。同时，此类数字嵌入式产品也出现在工业生产中。嵌入式数字产品让实时监控和预测替代了传统的计划式生产，渗入从产品设计到大规模生产的各个环节中，如定制生产技术、3D打印技术、实时仓储技术、机器人技术等。

完全数字策略是指在电子终端设备中将信息产品以完全数字式的模拟形式呈现在用户面前，如电子图书、地图导航、股市监测、互联网游戏等，此类产品也被称为数字内容产品。随着数字终端设备的不断出现，数字内容产品已经成为大众的重要消费构成。当市场的消费模式改变后，以信息产品为基础的媒体行业目前正处于这样一个转型的过程之中，纸质报纸、磁带等信息载体不断退出历史舞台。此类媒体企业不得不减少传统形式的媒体产品的产量，转而选择新的电子媒介。此外，大型电器零售和百货零售企业纷纷收缩实体门店，战略转型经营在线市场，说明完全数字化驱使以信息不对称为支撑的大量传统服务业纷纷进入颠覆性革新期。

数字化革新的两种策略看似简单，但任何企业实施都需要面对其独特性的挑战。首先，数字化革新节奏快、变化大。数字技术具备可塑性，可以快速重新组合为新产品。这种快节奏不断刺激企业快速开发"混合"或"智能"型数字产品，也不断地快速淘汰企业的"新"产品。其次，数字化革新过程难以控制和预测。由于生成过程的复杂性，数字产品创新常常不是由单一企业有组织完成的，由数量庞大、形态各异、没有事先分工的大众自发形成的随机创新。企业利用数字技术模块或平台的形式来创新产品，可以产生越级创新，每一次创新又会为下一次越级创新提供平台，这样的随机创新与迭代开发形式使得数字化革新极为复杂。

数字化革新是一种手段，行业新进入者与已有巨头间的数字化博弈最终导致行业层面的巨大转变。当然，这种转变也伴随着企业个体的组织管理形式的改变。

二、数字化革新的组织管理形式

分析数字化革新的组织管理形式可以从两个维度入手：

一个维度是创新的关键数字资源和知识的集中度。其极端形式是一个高度集权、垂直管理的数字化系统或企业，将所有优质核心资源牢牢掌控，从而可以以低成本获得高质量的创新。此类垂直一体化创新型企业拥有专利、品牌或核心技术的唯一所有权，通过自上而下的创新管理过程，调动资源实现目标。但是，在开放式、模块化、自适应的数字化现代商业环境中，还存在着另一种极端情况；有些数字化革新往往出现在一个在治理关系上高度离散的商业市场中，其中没有一个正式的层次结构，没有一家企业掌握所有的资源核心。在这样的创新环境中，所有的参与者是一个共同利益体，虽各自创新、快速学习，但创新的成果将不断相互叠加、嫁接，并最终形成多元复合的新数字产品。

另一个维度是相关资源的功能属性，数字资源既是连接性资源也是融合性资源。数字技术作为连接性资源，扩大了创新的应用范围，克服了时间与社会边界的限制，减少了时间成本。这体现在新的组织形式，如虚拟团队、开放型创新或众筹外包的业务模式，这些数字化模式可以提升流程效率和协作能力，实现多个专业组织的知识或资源的协同。此类连接性数字化革新有助于多个组织协商提出设计要求和选择特定的解决方案，并不局限于软件企业，通用电气、宝洁公司等实体企业已经利用基于互联网的连接性数字化资源找到全球外包、技术共享等新的解决方案。与连接性资源相对应，数字化革新还能创造另一种融合性资源。嵌入式数字产品可以通过融合性操作转化为新产品，从而创造新的功能。无须依赖任何外来资源与组织，模块化和嵌入式数字技术赋予实物产品内生的自我创新的能力,这种数字化过程被称为数字融合。数字融合在技术创新层面几乎不需要外部创新网络的支持,又可使传统产品具备可操纵性与智能性,这是数字产品创新的显著特征。通过数字融合,在未来,传统实物产品将兼具交互功能、实时服务功能(如家庭设备智能化)和根据外部环境自主决策的功能(如无人驾驶汽车)。

根据上述两个维度,数字化革新可以区分为项目型、氏族型、联邦型和混沌型四种组织与管理形式。

(一)项目型数字化革新管理

项目型多发生在一个企业内部,由企业调动自有资源,通过结构化的管理体系,实施目标明确的数字化革新。在项目型数字化革新中,管理结构是科层式,参与者是单一学科的专业人员,使用标准化的数字处理工具(如计算机辅助设计工具等),专注于明确的目标。通常用能力成熟度模型、全面质量管理等相关常规标准衡量此类数字化革新成效。

(二)氏族型数字化革新管理

氏族型是"一个共同利益驱动的群体",其成员的地理位置高度离散,但各成员之间的知识体系相似、密切联系,出于共同利益产生协作生产。氏族型创新团队的成员(可以是组织或个人)使用相近且通用的开发工具,使用同一套专业话语体系和知识体系来阐释他们的产品理念。然而,这些成员既不受严格的科层管制,也不会对一个统一的权力中心负责。在这里,创新者更像志愿者而非员工,他们在社会联系的基础上根据他们的自身利益和兴趣行事。各成员在一个统一的技术平台上工作,以技术平台的标准判断创新产品的质量(如开放源代码社区)。氏族型并不是依赖传统结构分层控制的,而是依靠技术社区平台中公认的精英领袖控制并左右预期的创新方向与质量。在氏族型革新中,少数核心领袖和外围追随者共同参与,核心成员主要负责规范工作流程、制定参与规则,外围追随者根据自己的兴趣与特长自愿选择工作任务。氏族型与项目型最大的区别在于,共同的技术或社区平台可以动员离散分布的志愿者分享他们的知识资源,敦促他们贡献各自的专长,其本质原因是平台凝聚了成员们的共同利益与共同兴趣。

（三）联邦型数字化革新管理

联邦型是指在一个系统管理的数字化革新联合体内部（如企业协议联盟），跨多个不同的行业领域，以科层管理为组织结构，成员使用不同学科的资源与知识，联合开发一个新数字产品。此类创新工作的知识来自跨多个学科的知识社群，创新联合体可以控制创新的关键要素，可以自由调动汇集在一些数字或知识平台上的资源。这些知识社群的资源受到所在企业的严格控制，必须以企业协约联盟的形式才能进入创新联盟的数字化革新平台。一旦进入创新联盟，各个专业的知识社群就会严格定义与规定标准化、模块化，开发有助于联邦型数字化革新的组件和接口，最终集成一个新的巨型创新产品。联邦型数字化革新有三种典型应用：一是大型制造类行业，如航空航天、远洋船舶。这些产业的发展需要调动和整合从交通工程、机械工程、材料工程、电子电气工程、制造、物流配送到工业设计等不同的知识社群的创新。二是服务性行业，可应用联邦型创新的组织形式提供服务的综合解决方案。在这些行业中，企业通过专业咨询团队实施与客户交互，采用跨产业、跨地域的数字手段动态管理业务。三是部分企业将上述制造类企业与服务类企业的应用合二为一，为客户提供设备加解决方案的综合产品，而不是提供单独的软件系统或设备组件。此类企业不但为客户提供成套设备，还要针对客户所在行业的具体发展趋向，为客户专门设计整套生产与经营流程。

联邦型数字化革新发挥作用的关键是内部信息交互的激励机构，必须能够鼓励相关创新者将最新的知识资源报告传递给创新联盟的决策者。在联邦型数字化革新中，成员来自产业关联、行业不同的各个知识社区，凭借不同类型的数字资源库、研究能力和社会网络工具的组合，从一个行业外部带来大量的新资源、新视角，使该创新联盟不仅拥有技术上的创新优势，还拥有跨产业的新颖视角，保持从技术到网络的全面竞争优势。然而，每个企业都有利用核心技术获取经济租金的强烈动机，这往往与整个联盟获取最大利益相悖，成了创新联盟发展的瓶颈。因此，创新联盟需要建立平台黏性与激励机制，既可以保护各个成员单位的利益，又可促使创新者乐于在平台中提供最新成果。

（四）混沌型数字化革新管理

混沌型主要服务于跨行业边界的数字化革新，其主要特征是组织成员的知识与专业背景迥异且高度动态流动，组织没有官僚层级，松散管理，创新的最终成果并不明确，具有高度的随机性。

从事混沌型数字化革新工作的团队，致力于超越传统的行业界限，开发出更加新颖且有开创新领域意义的产品。每个成员（企业或个人）并不是有意参与一次目标宏大的创新活动，而是遵循自己独特的商业逻辑和创新路径，在狭窄而又专业的领域不断探索。然而，他们创新的路径和成果必然会在创新过程中相互交织，使每个创新参与体都受到影响和冲击。这一现象在移动服务市场中表现得最为明显，随着个体移动数据传输应用的不断拓展，各大移动服务商纷纷学习并随之调整业务结构和企业发展战略。在这些市场上，无数以前从未有任何联系的成员（手机运营商、软件公司、内容提供商、硬件设备制造商、广告公司等）一起创造新的市场机会、商业模式和技术标准。然而，在这个创新过程中并没有一个明确的组织者与组织机构。

混沌型数字化革新管理需要注意如何调和成员间的利益冲突、促进不同企业文化和知识背景的成员之间的良性沟通。整个创新的架构搭建和成员参与都是以自组织形式随机实现的。首先，这一创新过程涉及太多不同的知识资源与行业背景的成员，仅仅是内部沟通就极为困难。不同背景的成员不断涌入这一创新过程中，大量的新知识、新理念需要消化吸收，还要在消化吸收的基础上不断创新，整个创新过程的复杂程度将呈几何级数增长。此外，与联邦型数字化革新类似的问题，在如此松散的组织体系中，几乎无法建立一种人人满意的资源分享激励机制。这种体系既要支持不同背景的成员之间可以沟通，又要建立信任和共享的奖惩机制。同时，由于技术和商业模式的飞速进步，上述机制也必须是高速动态自适应的。因此，混沌型数字化革新需要建立一个约束性、灵活性和开放性高速动态统一的管理机制。

第八章　数字经济企业的创新管理

第一节　创新管理的特征及趋势

一、创新的概念与特征

（一）创新的经济学分析

创新是指把一种新的生产要素和生产条件的"新结合"引入生产体系。它包括五种情况：引入一种新产品、引入一种新的生产方法、开辟一个新的市场、获得原材料或半成品的一种新的供应来源和实现一种新的工业组织形式。

技术创新是一个复杂的活动过程，其从新思想、新概念开始，通过不断地解决各种问题，最终使一个有经济价值和社会价值的新项目得到实际的成功应用。

技术创新是将新的或改进的产品、过程或服务引入市场而明确地将模仿和不需要引入新技术知识的改进作为最终层次上的两类创新划入技术创新定义范畴中。

综上所述，创新包括以下五种情况：①引入一种新产品；②采用一种新的生产方法；③开辟一个新的市场；④获得一种新的原材料或半成品的供应来源；⑤实现一种新的工业组织形式。

（二）创新的管理学分析

管理活动就是适应组织内外部环境变化，对组织的资源进行有效配置和利用以达成组织既定目标的一系列动态活动。管理在动态环境中生存的社会经济系统中仅有维持是不够的，必须不断调整系统活动的内容和目标，以适应环境变化的要求，这就是管理的创新职能。管理的创新职能是企业获取持续竞争优势的重要保障，主要包括目标创新、技术创新、制度创新、组织创新和环境创新。尤其在知识经济时代，企业为适应以信息技术为核心的技术革命及全球化竞争对生产经营活动的新要求，迫切地需要对企业本身的价值观念、制度框架、组织模式和管理方式进行创新。企业在运行过程中也会遇到各种新情况和新变化，灵活地应对这些环境的变化也需要企业对自身进行管理变革。创新成为现代成功企业的突出标志。一般来说，创新源于企业内部和外部的一系列不同的机会。这些机会可能是企业刻意寻求的，也可能是企业无意中发现后立即有意识地加以利用的。

管理的实质在于创新。首先，资源的整合活动充分体现着管理者的创新精神和创新才能。管理者在整合资源的过程中遇到的问题，可归结为程序性和非程序性两类问题。对于程序性问题，由于任何一种程序都是过去的创新成果的结晶，也是未来创新的起点，因此程序性问题的解决相对简单，有章可循。而对于非程序性问题，没有既定模式可供参考，管理者只有依靠自己的创造性来发现解决问题的方案。所以，无论是程序性还是非程序性管理问题，都只有依靠创新，才能加以解决。其次，为了适应组织内外部环境变化而进行的局部或整体调整本身就是创新。任何组织必然要与周围外部环境不断地发生物质、能量和信息的交换，外部环境的变化必然会影响组织的活动。同时，组织的内部环境不断变化，管理者必须根据内外部环境变化的要求来进行局部或整体调整，以使管理活动有序地进行，并实现管理的目标。最后，经济与社会发展也是一个创新的过程。可持续发展已经成为当今社会和经济发展的总趋势和主旋律，既要满足当代人的需要，又不能对后代人满足需要的能力构成危害。谋求这样的发展，只有依靠创新。尤其是在新经济环境下，当知识资本价值高出传统资本价值的时候，管理者的思想观念必然会经过一个根本性的变革时期，管理创新将更加受到人们的广泛关注。

（三）创新的特征

1. 创新的不确定性

任何创新都具有不确定性，创新的程度越高，不确定性就越大。创新的实现与扩散过程也就是创新不确定性逐步消除的过程。创新的不确定性有三种类型：

（1）市场不确定性

创新的市场不确定性，主要是经营者不易把握市场需要的基本特征以及如何将这些特征融入创新过程之中，这有可能是当出现根本性创新时找不到市场方向。另外，市场的不确定性也有可能是在确定了基本需要特征以后不能肯定该需要将以何种方式变化，亦即由市场细分问题造成的。市场不确定性的来源，还可能是不知道如何将潜在的需要融入创新产品的设计中去，以及未来产品如何变化以反映用户的需要。市场的不确定性还包括当一种创新产品推向市场时，是否能向用户提供更大的满足、用户是否接受、如何让用户尽快地接受以及如何使创新向其他领域扩散等。当存在创新竞争者时，市场的不确定性还指创新企业能否在市场竞争中战胜对手，这主要是指那些重大创新。相对来说，源于市场需要或生产需要的小的创新，其市场不确定性要小很多。

（2）技术不确定性

技术不确定性主要是如何用技术语言来表达市场需要的特征，能否设计并制造出可以满足市场需要或设计目标要求的产品与工艺，以及当原型测试后，规模放大时常出现的大量工程、工具设计和产品制造问题。从产品原型到工程化与规模生产，每一步都是一个相当大的跨步。新技术与现行技术系统之间的不一致性也是一个重要的不确定性来源。技术不确定性还包括设计是否优越、技术上能否超过已有产品或工艺、制造成本能否达到商业化的要求，以及进一步改进的潜力如何等。有不少产品构思，按其设计的产品无法制造或制造成本太高，因此这种构思和产品都没有什么商业价值。

（3）战略不确定性

战略不确定性主要是针对重大技术创新和重大投资项目而言。它指一种技术创新出现使已有投资与技能过时的不确定性，即难以判断它对创新竞争基础和性质的影响程度，以及面临新技术潜在的重大变化时企业如何进行组织适应与投资决策。创新的战略不确定性是对企业的巨大考验，也是企业技术战略管理的关键问题之一。

2. 创新的保护性与破坏性

不同创新对企业的影响程度和性质有所不同。两个极端的情况是破坏性的和保护性的。具有保护性的创新会提高企业的现有能力、技能的价值和可应用性。虽然所有的技术创新都会引起某种变化，但这些变化不一定就是破坏性的。例如，产品技术的创新可能解决了设计中的难题或者消除了设计上的缺陷，从而使现在的分销渠道更具吸引力和更有效；工艺技术的创新可能要求新的信息处理方式，但其能更有效地使用现有的劳动技能。这类创新保护了企业已有的能力，如果再加以提高和细化，就会加固这些技能，从而使其他的资源和技能更难取得竞争优势。这些创新对企业的保护表现为提高市场进入壁垒，降低产品被替代的威胁，使其他竞争性技术和竞争企业的吸引力减弱。在破坏性的一端，创新的效果完全相反。这类创新不是提高和加强企业现在的能力，而是使企业现在的技能和资产遭到毁坏和破坏。新的产品或工艺技术会使企业现有的资源、技能和知识只能低劣地满足市场需要，或者根本无法满足其要求，从而降低现有能力的价值，在极端情况下甚至会使其完全过时。"创造性破坏"是经济发展的推进器，对竞争的影响是通过重铸竞争优势的基础而实现的。有的"创造性破坏"影响非常深远和广泛，以致它们常常能创造出一个新的产业或者破坏一个现有的产业，如半导体产业的成长及其对电真空管产业的破坏性作用。虽然科学和技术的奇迹常常能创造新产业、摧毁旧产业，但创新对竞争优势的作用绝不仅仅取决于技术上的新颖性或科学上的荣耀。创新产品的技术新颖性及其与科学进展的联系，在有些情况下与创新的竞争作用关系并不大，有些企业依赖现有能力，仅通过使部件标准化、工具更为精确、操作更合理等便取得了竞争优势。

3. 创新的受抵制性

创新活动常常受到来自各方面的排斥、压力和抵制。习惯于原有生活方式和思维方式的人们往往不欢迎任何改动和变革。"创新恐惧症"就是对变革的恐慌，它已成为现代组织——企业、学校、政府的一种通病。人们之所以存在着对创新进行抵制的倾向，主要有以下几种原因：

第一，维护受到创新威胁的有价值事物的愿望。人们对于所有的东西都存在自我封闭的心理，期望的东西可能是社会地位、某种惬意的生活方式、某些东西的货币价值以及源源不断的收入，甚至于一项工作。有时，某种职业或行业也会受到创新的威胁。

第二，避免付出高昂的代价来促进创新的愿望。这也许是因为其他地方优先需要这笔资金，也许是因为与创新本身相伴而生的内在的不确定性。

第三，使通常的生活方式或工作方式保持不变的愿望。这种愿望可能仅仅是基于对变革的厌恶，但是实际上，它通常比这要深刻得多。当研究人员在讨论这种态度时，他们使用如习惯、情趣、时尚以及均衡之类的术语。

第四，一个团体强迫它的所有成员保持一致的内在趋势。无论是哪种原因，对于创新者的实际行动，或准备采用的行动而言，这里存在对创新行为的强大的阻力。

通常管理人员对创新采取抵制的态度，因而强化了这样一种公众信念：无论是个人力量还是集体行动，都无法改变创新负责人员在企业最高管理层的地位。这一事实上较之其他情况，常被人引证用以说明在当今的企业中子公司脱离母公司的现象为何如此普遍。

（四）创新的偶然性或机遇性

在我们谈到研究与开发时，我们头脑中通常浮现的景象就是实验室和试管，如果不是这样，那就是一位新产品管理者为寻觅一个绝佳的新产品构想而在市场营销研究数据中克己奉公、一丝不苟地进行分析。这两种印象都是正确的，大多数产品创新的确就是在这两种背景下产生的。幸运的是，一些新产品是通过另外一种方式诞生的，这种方式对今天的管理人员来说是丝毫不能忽视的：偶然，更委婉的说法——机遇。

二、创新管理的内涵与特征

（一）创新管理的定义

创新管理以组织结构和体制上的创新，确保整个组织采用新技术、新设备、新物质、新方法成为可能，通过决策、计划、指挥、组织、激励、控制等管理职能活动和组合，为社会提供新产品和服务。管理的创新是社会组织为达到科技进步的目的，适应外部环境和内部条件的发展演化而实施的管理活动。

（二）创新管理的内涵

1. 创新管理的重点是搭建创新链

通常理解的研发是指由基础研究、技术研究、应用推广等一系列科技活动组成的链状结构，可称其为"研发链"。我们所认识的创新，则是指从创意到形成市场价值的全过程，既包括研发链，也包括"产业链"（产品—小试—中试—产业）和"市场链"（商品供应—流通—销售—服务）。这三条链形成了一个有机的系统，可称为"创新链"。在创新链中，环节间联结互动，链条间整合贯通，呈现出研发牵动产业、产业构建市场、市场引导研发的螺旋式推进态势。创新管理将创新链纳入管理范畴，在拓展科技发挥作用空间的同时，也符合当今时代发展的要求。

2. 创新的竞争形势催生科技管理模式变革

当今世界，决定国家综合实力的关键指标是国家的创新能力。在这种形势下，我国的科技工作必须肩负起三个重担：保持长期发展和持续提高质量效率的双重任务、开拓国际市场和满足国内消费需求的双重使命、提升传统产业和培育新兴产业的双重要求。这就需要研发、产业、市场等方面的全面支撑，科技管理工作也必须从近期与长远、供应与需求、传统与新兴产业等多个层面进行部署。

3. 科技管理应覆盖创新链的所有环节

进入21世纪，科技创新不断涌现且呈现出群体突破的态势，研发链被大大压缩，研发与创新其他环节的联结更加紧密，在很大程度上出现了市场决定研发的局面。这一状况使得对研发实施独立管理的意义相对弱化，而对创新链强化管理的需求则急剧上升。随着科技基础条件、资金、知识产权、信息等创新资源的社会化程度明显增强，科技项目的工程化、集成化趋势越加显著，科技人才的流动化、国际化、团队化日渐突出，迫切要求科技管理覆盖整个创新链的所有环节。

（三）创新管理的特征

创新管理的基本特征指创新管理所追求的主要目标及客观效果，受创新特征的影响。创新管理的特征主要包括以下四项：

1. 全员参与性

创新管理的目标是使组织全体成员，甚至是组织的利益相关者都参与到创新活动中来。建设一个创新导向的组织文化，培养一种人人想创新的组织氛围，形成一个鼓励创新的环境。全员参与并非指组织中全体人员都去进行创新，而是要求组织中的每个人都对创新持开放、积极的态度，并努力在创新过程中发挥自己的作用。

2. 全局协调性

创新管理涉及组织的各个部门、各个层次、各种资源及其组合。创新是一种复杂的、超前的思维活动，需要全方位的协助与配合。如果仅有某一部门适宜创新，创新则难以真正产生。具体的创新可能与组织中某些部门的近期自身利益并不一致，这就要求具有全局概念，以及在全局上的协调。

3. 全程动态性

由于创新的前沿性和环境的多变性，要求对创新的管理根据环境的变化做出动态性的调整。这样才能保证创新的顺利发生和顺利进行。一成不变的管理反而会阻挡创新的发展。

4. 全面实效性

创新管理的目的是使创新得以顺利发生和发展，这就要求创新管理覆盖组织全面的活动，最终营造全组织的创新氛围，造就贯穿全组织的创新文化，由此获得能够全面影响组织的并对组织有效的创新成果。实效是检验创新活动的标准，也是检验创新管理的标准。

三、创新管理的新趋势

从近些年来企业管理变革的历程中不难看出，未来企业创新管理具有以下三个发展趋势：

（一）企业间合作方式的转变

企业间的合作由一般合作模式转向虚拟企业、网络组织、供应链协作、国际战略联盟等形式，现代企业不能仅仅提供各种产品和服务，还必须懂得如何把自身的技术专长与核心能力恰当地同其他各种有利的竞争资源结合起来，弥补自身的不足。

（二）员工的技能和知识成为企业保持竞争优势的重要资源

知识将逐渐成为企业最重要的资源，它被认为是和资金、人力等并列的资源。企业在面对知识经济的挑战时，需要更多地通过加强协作、知识管理、组织学习能力，将现有知识、组织、人员和流程与协作、知识管理等紧密结合起来。

（三）从传统的单一绩效考核转向全面的绩效管理

传统的绩效考核是通过对员工工作结果的评估来确定奖惩，是企业在执行经营战略、进行人力资源管理过程中，根据职务要求，对员工的实际贡献进行评价的活动。但过程缺乏控制，不能保证绩效达到改善的目的，甚至在推行绩效考核时会遭到员工的反对等。因而，近年来的绩效管理已经走向了结合公司战略和绩效管理，变静态考核为动态管理的道路。

第二节　数字经济新理念与企业创新管理

一、企业创新管理的内涵

现如今，创新已逐渐成为人类社会经济发展的主要推动力。近年来，创新理论和实践进一步发展，如用户（供应商）创新、全时创新、全流程创新、全员创新等。在此基础上，为了适应当今社会的经济发展和市场竞争，国外的许多以创新为推动力的企业，如惠普、三星、索尼等，以及我国领先企业，如海尔、宝钢等，都逐步开展了创新管理实践活动，并取得了显著成果。

（一）不同视角下的企业创新管理

1. 技术创新视角下的企业创新管理

从20世纪60年代开始，创新管理理论研究主要立足于研究组织如何通过推动企业创新，以实现创新绩效。在复杂的创新战略中，产品的设计研发是创新的重要来源。

技术创新是在技术原理的指导下将潜在的生产力成果转化为现实生产力的过程，是技术的产业化、商业化以及社会化的过程。

2. 制度创新视角下的企业创新管理

制度创新包含狭义和广义两个概念。企业狭义的制度创新即组织创新，重点研究企业产权制度问题；广义的制度创新则包括狭义的制度创新以及技术创新、市场创新和管理创新四个方面的内容。企业制度创新体系系统地考虑了企业制度的构成要素及内在联系，是在系统创新观念影响下的制度创新内涵。

3. 系统创新视角下的企业创新管理

创新生态系统论认为，企业内部、企业之间、产业之间、区域之间、国家之间是一个整体的生态系统，每个生态系统都是开放的并与外界相联系且自我动态调整的。

企业创新是一个开放而又复杂的动态系统，技术创新仅仅作为企业创新的主要动力源泉之一，其作用的有效发挥离不开组织结构、发展战略、营销手段、人力资源管理等要素的支撑。20世纪80年代,随着环境的变化,以技术创新为核心的传统创新模式的局限性逐渐显现。创新管理系统观的研究建立在对企业动态环境的把握上,体现了系统全面的创新思维,摆脱了以线性与机械为基础的技术创新管理,突出创新管理系统内各个子系统之间的互动对创新绩效的作用。

4. 全面创新视角下的企业创新管理

企业环境的变化将影响创新活动的成效,因此企业必须对创新流程进行管理,才能提高创新绩效。全面创新管理是创新管理的新范式,以培养核心能力、提高核心竞争力为导向,以价值创造(价值增加)为目标,以各种创新要素(如技术、组织、市场、战略、文化、制度等)的有机组合与全面协同创新为手段,通过有效的创新管理机制、方法和工具,力求做到"全要素创新、全时空创新、全员创新和全面协同"。进一步将全面创新范式的内涵概括为"三全一协同"。强调全员创新是企业主体在战略、文化、组织和制度上的实践运行。全面创新管理一方面延续了系统观对创新的非线性思考,另一方面确立了创新管理的立体思维。从挖掘企业持续竞争优势的源泉出发,不仅强调了全员创新的主体作用,而且强调了创新要素的时空组合,是新时代背景下创新管理研究发展的主导方向。

5. 开放创新视角下的企业创新管理

企业不应局限在内部封闭系统之内,而应把外部创意和外部市场化渠道同内部系统相结合,进行内部和外部的资源均衡协调发展,寻找与利益相关者共赢甚至是多赢的商业创新模式。

开放式创新摆脱了以往局限企业内部系统的格局,突出了更全面、更系统、更开放的创新生态观,极大地发挥了企业资源的终极效率。因此,开放创新与全面创新的融合将会是在知识经济时代背景下,企业面临着极限竞争与客户需求多样化环境下的必然选择。

(二)企业创新管理的特征及原则

1. 企业创新管理的定义

创新管理是当今管理科学新兴的综合性交叉学科,对中国企业国际竞争力和经济持续增长具有深远影响。但研究过多考虑技术因素,而忽略战略、资源、文化等非技术因素研究,只有从全面创新、战略系统、复杂动态的高度,才能提升企业创新管理研究的广度与深度,以推动理论研究的发展与实证指导的深入。因此,企业创新管理的定义为：企业以培养核心竞争力为中心，以增加价值为目标，以战略为导向，以创新技术为核心，以各种创新（体制创新、战略创新、管理创新、市场创新、文化创新、组织创新等）的有机融合为手段，通过各种有效的创新管理机制、方法和工具，力求做到全员创新、全球化创新、全流程创新、全时空创新和全价值链的创新。

2. 企业创新管理的特征

企业创新管理在实施过程中表现出以下几个特征：

第一，企业创新管理具有战略性，其表现在既能够提高企业目前的经营绩效，又能够培养和积累核心能力以保持竞争优势。

第二，企业创新管理具有整体性。全面创新管理是需要通过各部门、各因素共同协调配合才能完成的一项系统工程。

第三，企业创新管理具有广泛性。创新活动必须渗入到组织的每一个事件、每一个部门、每一个流程、每一位员工、每一个角落。

第四，企业创新管理具有很大的复杂性。企业创新包括技术创新、产品创新、文化创新、管理创新等多项创新领域，这些创新既密切联系，又相互影响、相互作用，构成了一个具有一定功能效应的多层次的复杂的企业创新系统，因此企业创新系统具有很大的复杂性。这需综合协调企业创新系统中各子系统之间的关系，方能使之发挥综合的协调作用，达到促进企业发展的目的。

另外，企业创新系统还要受到外界各种因素的干扰和影响，企业创新系统必须提高抗干扰能力。因此，要提高企业创新系统的整体功能，增强抗干扰能力，就必须研究系统的运行规律，加强对企业创新系统的管理。

3. 企业创新管理的原则

（1）全要素创新

企业需要系统和全面地考虑组织、文化、制度、战略、技术等要素，使各要素达到全面协调，以取得最优的创新成果。

（2）全员创新

企业创新不再局限于技术人员和研发人员，而应该是鼓励全体员工共同参与。从研发人员、生产制造人员、销售人员到财务人员、管理人员、售后服务人员等，每个岗位都能够出现出色的创新者。

（3）全时空创新

全时空创新分为全时创新和全空间创新。全时创新是指让创新成为企业发展的永恒主题，使创新成为各个部门和每个员工的必需品，使创新是每时每刻的创新而不是偶然发生的事件。全空间创新是指在网络化和全球经济一体化的背景下，企业应该在全球范围内有效整合创新资源，以此来实现创新的全球化，即处处创新。

二、企业创新管理的影响因素

（一）企业文化

企业创新是企业在竞争中不断寻求新的平衡点与发展永恒动力的自我否定与自我超越的过程，企业文化创新跟进是创新成效的不可或缺的连续行为，因为企业的任何一项创新首先应该是观念创新、文化更新与再造，所以只有企业具备了创新型文化、学习型文化、开放型文化、兼容性文化，企业创新才能更具活力和生命力。充满创新精神的企业文化通常具有以下特征：①兼容性，能接受模棱两可和容忍不切实际；②学习性；③开放性，即不为原有的成功所约束，不形成创新"惰性"；④承受风险，一是鼓励大胆实验，二是有危机意识；⑤注重结果甚于手段；⑥强调开放系统，即适应环境变化，并及时做出反应。

创新管理文化不仅是中小企业创新管理的核心因素，也是开展创新管理工作的重要驱动力。中小企业管理人员应结合企业自身发展的实际情况与方向，建立一种符合企业发展的全员创新的思想价值观念，并正确引导企业的基层职工认真学习和理解这种价值理念，树立正确的思想价值观念，进而培养全体员工树立积极向上的工作态度。

（二）企业组织结构

首先，优良的组织结构对企业创新有正面的影响。因为一个优良的组织结构可以提高组织的灵活性、应变能力和跨职能的工作能力，从而使创新更易于被采纳。其次，拥有富足的资源能为企业创新提供另一重要的基础，使得企业有能力承受创新的成本。再次，有利于创新的信息流能在各部门之间顺畅流动，有利于克服阻止创新的障碍。最后，作为企业创新管理的重心，构建学习型组织不仅有助于企业学习能力的培养，也对企业长期发展能力的形成有着积极影响。同时还要针对中小企业各部门之间的工作协调和信息交流，建立完善的沟通机制，并采用丰富多样的能力手段来全面激发员工参与创新工作的积极性，构建良好的创新环境，进而不断加强中小企业的知识管理，为构建学习型组织奠定良好根基。

（三）企业战略机制

在影响中小企业创新管理的关键因素中，战略机制因素在其中有着统领全局的积极作用。创新管理作为一项漫长的工作，如果中小企业领导没有给予足够的鼓励与支持，那么创新管理不仅难以获得理想效果，而且也失去了实际意义，因此，中小企业管理层领导应坚持长期开展企业创新管理工作，并在战略方面给予充分的重视与支持。同时应结合实际管理需要建立与之相适应的激励和决策机制，并且还要在信息与资金等方面给予足够的支持，从而使中小企业的创新管理工作能够顺利开展，相应措施也能够得到科学全面的贯彻落实。

（四）人力资源

人力资源是创新的决定性因素，因为，创新来源于企业员工的创新思想，来源于员工的创造力，来源于职工的整体素质。影响职工创新的主要因素如下：基于员工创造力的组织；对企业员工的培训，以保持员工的知识能得到及时更新；企业员工的不断学习，互相迅速交流信息。创新系统必须要有才可用和有才能用。为此，创新管理的方向之一就是一方面既要加强创新人才的培养，另一方面也要激活用人机制，其关键的一点就是要促进人才流动。

作为中小企业开展创新管理工作的重要保障，该因素能够为促进企业全体工作人员参与到企业创新管理中提供有力保障。积极参考员工提出的创新管理意见和建议，进而真正做到以人为本，并充分发挥全体员工的集体智慧。同时，中小企业管理人员在实行以人为本的管理理念时，不仅要紧紧围绕企业共同目标和发展前景，还要积极引导基层工作人员积极主动地参与到企业创新管理活动中，并结合企业实际管理和发展现状，不断更新和完善工作激励机制，进而促进企业全体员工都能够树立正确的工作态度与价值理念，不断提升企业员工对自身从事工作的认同感，增强其工作热情和自身对工作的成就感和使命感，并积极参与企业组织的相关学习、培训活动，不断提升自身的专业素养，进而从整体上增强中小企业的创新管理意识。

（五）通信与沟通方式

流动性不仅表现为人员的流动和思想的交流，而且也表现为资金的流动。各种杂志、讨论会促使人们交流看法和经验，同时也促进了创新。总之，由成功企业家的"成功故事"引出的竞争，能够使自己的企业进入新技术交易所市场或将其转卖给国际公司，这些都有利于创建创新企业。这些企业的成功最终取决于由一种创新的"临界质"带来的扩大效应和合并效应。其成功取决于大量的信息，而这些信息的快速流通以及通过强大的、多分支的通信网络为人们所共有。这些通信网络不仅包括互联网或企业内部网，还包括人员交往的关系网，凭借着会面、讨论和相互间的创造，这些网络成为出现创新的重要条件。

三、数字经济促进企业创新管理发展

随着"互联网+"的不断扩展，我国各行各业的发展模式都发生了巨大的变化，与此同时，企业的管理模式也正处于积极、快速的演变之中。云技术的不断应用，是"互联网+"时代的一大重要特征。在云技术环境下，企业的管理模式不断由简单化走向云系统化，不断形成"云终端"式的企业管理模式。

（一）数字经济给企业创新管理带来的变化

1. 数字经济破解企业创新链瓶颈

中国的制造业规模已连续多年位居世界第一，也是全球最大的工业产品出口国，但是中国制造的附加值偏低，一定程度上存在着被全球价值链"低端锁定"的风险，瓶颈在于创新能力不高，突出表现为消费者与研发者信息分割、产业链与创新链对接不够等问题，传统制造业企业的研发流程是集中人才、财力开发一个新产品，然后在市场上进行推广，传统制造业企业失败风险较高，并且由于创新资源分散，在研发过程中难以整合业内研发资源，从而制约了创新效率。

数字经济正在颠覆传统制造业的研发模式，借助数字化的开放式创新平台，消费者可以深度参与到一个产品的研发设计中，使得消费与研发之间的障碍被打破，数字经济使得大量的消费需求信息低成本、及时性地呈现给企业研发设计部门，进而推动中国制造企业围绕庞大的消费群体开发新产品。企业可以尽快推出"最简可行产品"，通过在线消费者的体验评价、优化建议等逐步完善产品细节，这种快速迭代研发模式是基于消费者的产品研发，把客户的需求信息和变化及时反馈到研发端，大大降低了产品的市场风险。同时，企业通过搭建数字化、网络化协同研发平台，可以打破行业、企业、地域等限制，集聚业内研发资源为同一个创新项目出谋划策。设计工具云端化为不同人员参与设计提供了标准和平台，可以有效推动产业链与创新链的紧密联系。

2. 数字经济提升企业制造链的质量

近年来，中国制造的产品质量明显提升，但在可靠性、连续性、稳定性等方面均存在一定差距，制造链质量是中国制造在转型升级中必须重视的一个核心问题。

数字经济为中国制造链的质量提升提供了新支持，数字化生产、智能化制造可以有效提高生产过程和产品质量的稳定性。数字化工厂是基于数字平台的虚拟工厂和物理工厂无缝对接的工厂形态，虚拟工厂执行与物理工厂相同的制造过程，这种"数字双胞胎"技术能够及时发现制造过程中出现的问题，并对可能出现的问题进行预判，确保生产线正确运行和生产质量稳定。数字化工厂在解决标准化的同时，数字平台还可以通过对制造过程中产生的大量数据的分析和挖掘，对生产制造流程进行优化提升，设备可以通过自我分析、自我决策，矫正上一道工序中出现的问题，提高制造链运行效率和产品质量，改变了传统的工业知识沉淀模式。

3. 数字经济拓展创新服务链空间

向"微笑曲线"两端高附加值环节延伸，尤其是向系统集成、综合服务等环节延伸，拓展中国制造的服务链空间，提高中国制造服务增值能力，培育一批综合解决方案提供商，是中国制造转型升级的关键路径。但是，中国制造中代工、组装等占比较大，在服务化领域的要素积累和人才储备严重不足，因此向服务化转型面临较大障碍。

数字经济无疑为制造业服务化提供了技术和平台支撑，通过互联网、物联网、大数据等技术，使得制造企业在远程维护、在线监测、线上服务等领域拓展服务链变得更便捷、更高效。同时，数字化技术、互联网技术等可以推动制造企业整合内、外部资源，创新服务化模式，在个性化定制、系统集成服务、解决方案提供等方面培育新业态新模式。大规模的制造业服务化可以催生第三方网络化服务平台，为同类制造型企业提供专业化服务，聚集海量数据，加快制造业服务业模式创新，这极大地降低了中小型制造业企业服务化转型的成本。

（二）数字经济促进企业创新管理发展的实现路径

数字经济为中国制造转型升级提供了新动力，同时，由于数字经济是一种通用目的技术和基础设施，也对中国制造业提出了更高要求，制造业呈现出"软件定义、数据驱动、平台支撑、服务增值、智能主导"的新特征。数字经济驱动下中国制造转型升级路径正在发生变化，以平台化、生态化、软件化、共享化、去核化等实现"弯道超车"。

1. 平台化

数字经济驱动中国制造业企业向平台型企业转型升级。制造业企业生产组织方式平台化是大势所趋，海尔、三一重工、沈阳机床、红领等传统制造型企业依托数字技术和互联网加快向平台经济转型，如海尔通过"企业平台化、员工创客化、用户个性化"，把企业打造成一个集聚信息、资源、数据的开放式平台，打通了内外部资源，打破了信息不对称，推动了产业跨界融合，催生了一大批新产品、新业态、新模式，为企业转型发展提供了新动力和新支撑，制造业企业借助平台思维从生产者、交付者转变为整合者、链接者。当前，企业竞争加快向平台竞争转变，通过打造平台经济为全行业提供服务，平台价值随着使用者的增加而呈现指数级增长，在产业竞争中占得先机与优势。近年来，沿海地区制造业企业加快培育平台经济，对全国乃至全球产业资源进行系统整合，把信息流、资金流、数据流等集聚到专业化平台上，进一步强化产业优势。

2. 生态化

在数字化背景下，不同产业和区域的生态之间，开始发生越来越多的关联，它们可能将不再基于行业、地域等因素带来的条块分割，而是紧密地交错起来，让跨界地带产生丰富的创新空间，从而形成一个"数字生态共同体"。制造业企业可以通过平台经济培育壮大生态系统，促进消费者、设计师、制造商、服务商等参与方集聚到同一生态圈中，形成联动优势，生态链优势一旦形成就可以依托海量数据进行协同演进、自我强化，在激烈的市场竞争中彰显系统优势。未来，企业之间的竞争将演化为生态圈与生态圈之间的竞争。

3. 软件化

数字经济时代，软件定义一切。当前，工业技术软件化趋势不断加快，工业软件定义了研发、产品、制造、运营、管理等业务流程，数字化设计、智能制造系统、工业互联网、人工智能、3D打印等技术日趋成熟，制造业的研发方式、制造模式、业务流程、盈利模式等正在重新被定义。同时，工业软件云端化加速，基于工业互联网、面向特定应用场景的工业 APP 也在持续涌现。尤其是数字工厂、智能制造的推广渗透，设备之间的端到端集成变得更加成熟，基本实现了"无人工厂"，其中的核心是工业软件。

4. 共享化

数字经济时代，制造业将是共享经济的主战场，中国拥有超大规模的设备，在传统产能过剩和产品升级加速双向挤压下，研发设计能力、生产制造能力、检验检测能力、物流配送能力等都可以通过共享经济平台进行交易，推动闲置设备、闲置工厂重新投入使用，阿里淘工厂、航天云网等模式的成功运行，证明了共享经济在制造业领域存在广阔的发展空间。同时，面对个性化、小规模需求的快速增长，企业规模和产品批量小微化，单个企业投资大量设备占用资金，使用效率不高，共享工厂模式应运而生。当前，沈阳机床、明匠智能等智能制造方案提供商均谋划在优势产业集群、众创空间等布局共享工厂，为同类型企业提供加工制造服务，中小微企业可以通过在线平台传输数据完成订单、制造过程及交付、结算、物流等全流程，真正实现互联网制造。

5. 去核化

数字经济时代，制造过程的各参与方均被充分赋能，大数据、物联网、智能制造等技术也使分散决策成为可能，并且效率会更高，科层制、事业部制等传统管理模式难以适应数字经济时代的新要求，倒逼制造业企业组织结构"去核化"（或称"去中心化"），每一个点都可以围绕客户需求对企业内外部资源进行重新组合，开辟新产品、新服务、新业态、新模式。例如，海尔近年践行的"人单合一"模式，把员工转变为平台主、小微主、小微成员，同时创新薪酬体系加快组织结构和管理模式变革，激活了企业内部资源，激发了企业内部"大众创业，万众创新"的热点，催生了一大批新业态、新模式，为企业转型发展注入了活力。

第三节　数字经济给企业创新管理带来的影响及机遇

"数字化转型"已成为中国企业级 IT 市场的重点词语，企业拥抱互联网技术的程度越深，其生产效率和效益就会越高。数字化转型将会给企业带来颠覆性的改变，企业用户需要重新思考企业文化、战略、经营流程以及其他方方面面的问题，甚至包括与伙伴的合作。同时也给企业创新管理带来新的机遇，企业也需要为数字化转型做好充分的准备。

数字经济时代，数字化转型正在被重新定义并进化企业管理。企业经营理念呈现企业平台化特征，更加注重生态，让大企业做平台，小企业上平台；组织设计向扁平化进化；企业服务化职能强化；运营流程呈现企业数字化特征，强调数字化工作、数字化流程、数据挖掘。

一、数字经济迫使传统企业转型

企业组织规模的边界，受内部交易成本、企业家决策水准、产品多样性等因素影响，均衡内部交易成本等同于外部市场运行成本的临界点。依托封闭式、垂直一体化层级架构，通过自上而下的行政命令来安排生产及交易，提升效率和降低交易成本，这是新时期企业的主要特点。时过境迁，如今，人类即将告别工业化，步入信息化时代。在中国，基于互联网和新一代信息技术的企业如雨后春笋般蓬勃兴起，并迅速发展。与数字经济时代的新生企业相比，工业化时代传统企业所处的外部市场条件诸如运行成本、消费者需求已发生深刻变化，合力倒逼传统企业变革创新。沿袭科斯运用替代、边界两个概念工具分析企业性质的基本思路，考察数字经济时代传统企业遭遇的变革冲击、传统企业替代市场机制的基础是否动摇或发生变化、传统企业浴火重生的路径及启示，可能是一项理论与实践相结合的、非常有趣和富有挑战性的工作。

（一）传统企业受数字经济的内外夹击

从企业内部看，信息化改造虽然使内部交易成本走低，但传统企业自上而下的决策和执行机制即便采用了 ERP 等，也无法满足消费者日益个性化、多元化的需求。以往盈利颇丰的标准化产品逐步被新生代个性化消费者抛弃，导致企业产能过剩、库存增加、现金流紧张，内部交易成本走高。以往经济不振时，企业由临时裁员、兼并重组转向高利润业务、上市融资等老办法已无法根治对市场响应迟缓和内部交易成本攀升等问题。

从企业外部看，市场运行成本降低和竞争日趋激烈正猛烈冲击着传统企业。全球贸易便利化国际规则、交通及信息的互联互通、电子交易方式的普及、社交平台经济等极大程度上降低了市场机制成本，使得未实施大刀阔斧改革的传统企业替代市场机制的成本优势不断走弱。而极少数先行变革成功者往往会抓住机遇窗口期，利用竞争优势通过设立行业标准、抢占市场份额、产品定价权等方式获取行业垄断利润，哪怕是暂时的，也会加速传统企业的竞争性淘汰。考虑到互联网巨头利用商务运营、管理中沉淀的数据及背后的知识和规律轻松打破以往"隔行如隔山"的行业壁垒来实施横向跨界兼并整理，那么时下我们传统企业的艰难甚至惶恐就可以理解得更深刻一些了。

（二）传统企业需要组织创新

基于企业交易成本走高、外部激烈竞争等因素影响，数字经济时代，用户（消费者）导向的传统企业组织变革悄然兴起。开始实施组织创新的传统家电生产制造企业海尔就是典型代表。海尔消费者导向的组织变革经验：一是积极构建消费者导向的企业服务生态系统。通过与消费者的多渠道互动，围绕消费者个性需求设计、开发和生产产品，为消费者提供基于物联网、大数据和云计算技术的售后维保服务。二是转变自上而下的层级决策机构为自下而上的横向分散决策机制。裂变一个大组织为诸多小组织，然后依托小组织模拟构建比外部市场更纯粹的横向分散决策市场机制，变以往自上而下的决策机制为自下而上的决策机制，来解决传统企业决策信息不及时、不充分的难题，不断优化提升企业内部资源配置和对外部市场变化响应的效率。三是转变雇主与雇员的雇佣与被雇佣关系为新型的合作分成关系，与员工共享企业利润剩余索取权。基于企业与员工的合作分成关系，每名员工都成为企业实质上的主人。依托新型合作分成关系，把考核评价员工的权利交给消费者，内外结合发力，使企业成为一个由诸多建立在自利基础上、以满足消费者需求为己任、以追求公司利益最大化为目标、与企业共同分享剩余索取权的互联式团队。

（三）传统企业正经历"互联网+"实践创新

为创新图强，传统企业不仅在组织创新方面实践探索，而且结合"互联网+"在设计、生产、执行、营销、维保、物流配送等环节开拓创新，寻求突破。从实践来看，近年来传统企业积极响应国家大政方针，大力发展和依托人工智能等新一代信息技术，降低企业交易成本、库存资金占有率和应收账款以及提升企业利润水平和现金流。例如，山西太钢集团，依托云计算、大数据、物联网等新一代信息技术，大力实施信息化改造，互联构建以纵向决策支持、运营管理、生产执行、过程控制、基础自动化五级架构为骨干、以用户个性化需求为导向的数据中心，全面对接采购、生产、质量、销售、设备及财务管理等业务流程，减弱了部门之间的壁垒，降低了资金、质量控制、订单追溯等方面的成本，提高企业总利润率。

总体看，传统企业正在"互联网+"的创新实践中积蓄力量、孕育新生。以往传统工业的标准化生产方式正被数字经济时代的个性化、智能生产方式所替代，传统受区域限制的线下现金交易方式正被线上数字货币交易方式所冲击，传统的分层、贴标签式营销正被智慧、精准的信息推送营销所替代，传统的物流配送服务正被低成本、高效率的智慧物流所替代。伴随生产、交易、营销、流通方式的转变，国人以往传统生产、生活、交往的习惯、理念、文化正随着新技术的集群加速发展应用在全面重塑中萌生新枝芽。传统企业，其服务的市场正发生翻天覆地的变化，顺势而为，因势导利，勇于实践创新，方可突出重围。

二、企业数字化转型的过程及模式

（一）企业数字化转型的过程

企业数字化经历了三个发展阶段：业务自动化、行业互联网化以及现在的"技术即业务本身"。

1. 业务自动化阶段

企业在这个阶段完成了业务自动化。这个阶段是技术替代重复的人工劳动，IT技术让大规模的生产类整合以及全球化成为可能，成了一种高效运转模式。但是在这一阶段，IT技术并没有对传统的商业化模式造成更大的影响。

2. 行业互联网化阶段

以亚马逊和eBay为代表的互联网商业公司兴起，互联网不受时间、地点和品类的限制，这对实体商业模式造成了很大冲击，两种商业模式在两条平行线上竞争，它们发挥各自的优势，在各自的舒适区域中博弈。

3. 技术与服务融合阶段

随着移动互联网技术、云计算技术以及物联网技术的不断兴起，物理实体世界的体验与虚拟的数字体验正在不断融合。在这个过程中，出现了很多新业务模式，新一代消费者也出现了。年轻人对于消费服务的期望不同于传统消费者，他们希望随时随地获得各种各样的服务。

（二）企业数字化转型的模式

1. 流程创新

在传统的业务模式之下，流程创新更多是围绕提高生产力效率而展开，包括业务自动化、流程优化和效率提升。随着物联网和大数据的应用，流程创新更多围绕抓住商业机会以及转瞬即逝的用户品味展开，从而引导消费者采购。这个变化意味着从原来降低成本和提高效率转变成对商业机会的创新。通过对移动 APP 应用，店内的店员可快速有效地跟踪线上以及库存商品，可以快速填写出补货需求，这样便能提高每个店员的工作效率。

2. 体验创新

体验创新更多地指应用最新的感知与交互技术，通过触点分析打造出全新的用户和产品体验，包括场景分析、用户历程图以及触点优化。张松介绍说，国外一家酒店集团通过社交数据分析提炼出所有为酒店点赞或推荐的文字线索，发现几乎所有的线索都发生在顾客进入酒店前 20 分钟的体验中，所以针对这 20 分钟体验做了重点投资优化，即触点优化。

3. 模式创新

在模式创新中，可以看到很多公司在原有核心资源和核心竞争力基础之上，采用技术手段实现模式创新。

三、数字经济对企业创新范式产生影响

从创新的角度来讲，未来全球的创新范式正在发生很大的变化，主要体现在以下三个方面：

（一）创新范围已经从"封闭竞争"走向"开放合作"

创新更多是由多个企业在一个创新生态系统中相互合作完成的，创新边界已经超出了企业既有的边界。

（二）创新组织已经从"一体化"走向"平台"

"平台"以其特有的弹性，成为网络经济背景下的重要战略选择和组织形式，使

得企业的创新活动同技术和市场变化共同演进。

（三）创新行为已经从"线性创新"走向"涌现创新"

未来我们需要培育友好的"创新生态系统"，即培育创新的环境，创造创新的机会和激情，尊重和鼓励创新，引导创新行为不断涌现，相关各方共生跟进。

四、企业数字化转型带来的四大机遇

（一）数字经济加速企业应用创新

为跟上市场的变化，各行各业都在改变新产品、新应用的开发和发布方式。在传统模式下，数据收集、设计、制造需要很长时间，而且要预先对更新、测试、发布进行规划，完成这一系列工作需要花费数月甚至数年的时间。

现在越来越多的企业转而采用敏捷设计、制造与发布，在速度和质量之间实现了更好的平衡，能够快速撤回不成功的新产品或新服务，而不影响关键服务和系统的持续运行。为建立更加敏捷的工作流程，企业必须实现更紧密的团队协作，以及无缝的系统集成，而且需要能够实时监控协作与集成的成果。

（二）用大数据增强企业创新的洞察力

大家都希望用大数据武装自己，但只有弄懂了数据的含义，才能将信息转化为竞争力。事实上，每个企业都拥有相当多客户、竞争对手以及内部运营的数据，因此需要采用合适的工具和流程，去挖掘数据的真正含义，才能快速做出明智的决策，促进创新，并制订具有前瞻性的发展计划。

（三）数字化工具提供企业创新的工作空间

技术消费化趋势和移动设备的增多，导致如今企业员工的工作环境流动性远大于从前，工作空间的概念已经发生根本性变化。

工作将不再受时间、地点的限制，为了吸引和留住优秀人才，企业必须建立能够适应这种新型工作方式的环境和文化。合适的数字化工具和政策在这里显得尤为重要，利用它们，员工即可高效应对职场中的各种复杂情况。

（四）适应企业创新业务发展的安全保障

企业在加速创新、缩短产品周期的同时，也面临着更多安全风险与威胁。随着更多应用实现互联互通，黑客成功侵入一个系统就能非法访问所有相连系统，而员工与合作伙伴所获得的远程访问权限，也让企业必须应对系统后门可能增多的疑问。

从安全角度看，简化安全流程，持续不断地对所有系统进行推敲、测试和升级至关重要。通过自动化工具以及更好的协议配置，可以让公司显著缩短发现和修补漏洞的时间差，从而最大限度地降低系统遭遇非法入侵和数据丢失的可能性。

第四节 企业创新管理的数字化转型

一、企业创新管理数字化转型的核心技术

（一）便利可靠的连接

适配多种控制器、性价比高、新技术跟踪。全球主流运营商网络的无缝集成与切换，GPS 与北斗定位，以及商用卫星通信能力。

（二）混合云架构技术

基于公有云的技术架构，又能确保数据隐私，打造"公有云 + 私有云"架构，具备多云迁徙能力。

（三）工业大数据处理技术

支撑工业大数据的广泛应用，应来自工业企业的最朴素需求。最接地气的工业大数据应用，包括宏观经济预测、配件需求预测、产品研发大数据分析、在外贷款风险管控模型、设备故障预测模型、服务模式创新等。

（四）可复制的应用能力

应对解决个性化/标准化的冲突，应对客户的个性化需求，又要具备大规模复制的互联网拓展模式，确定核心应用到后市场服务运营管理（通用性高、普遍的痛点、

制造业与服务业的接口），利用互联网轻量级架构，打造组件化、微服务化功能模块，便于应用的自由配置和功能的个性化组合。

（五）集成应用的整体效率

从接入到应用端到端打通，跨技术层级的整体效率和易用性；开放性，能够对接各种外部应用。

（六）多层次、端到端的安全防御体系

建立云、管、端全方位的安全防御体系，如芯片硬件加密（TPM/TEE）、安全OS（隔离）轻量级、终端安全插件（轻量化）、设备端软硬件防篡改、识别并过滤IoT协议和应用、百万并发连接处理、无线网和固网加密传输协议、DDoS攻击防护、云端安全运维中心、基于大数据安全态势感知等安全管理技术。

二、企业创新管理数字化转型的法则

（一）满足客户新需求

数字化时代，行业之间的界限越来越模糊。从传统上来讲，有些企业只专注于一个领域，但未来的数字企业，需要更多地关注其他领域，开发新的增长点，从而满足客户的需求。

为构建以客户为中心的体验，企业不仅需要集成世界一流的技术，还需要改变原来的组织结构和流程，包括企业的管理层和普通员工都应接受企业的数字化转型，提高对客户关注度。只有这样才能推动企业在数字经济时代实现长足发展。如今，全球各地的客户把更多精力投放在互联网搜索和社交媒体上。因为他们希望随时随地通过移动设备，灵活获取并快速利用这些信息。这场融合了Web、社交媒体、移动商务和云计算的完美风暴正引发商务领域的巨变，而且在与企业的博弈中，客户在很大程度上重新占领主导地位。

思路转变也是改变链条中的关键一环，企业管理者和普通员工都需要拥抱全新的思维方式。企业建立一个数据驱动的思维至关重要，要有实时明确的分类数据，这样就能对竞争对手做出反应，对行业变化做出反应，企业的动作与速度必然越来越快。

（二）善用大数据，借力物联网

随着数字技术的普及，几乎每家企业都面临着海量数据，如何从这些数据中淘到真金成为考验一家企业是否具有数字化能力的标志。虽然很多企业采集的客户信息越来越多，但他们却不善于利用这些信息。一般来说，企业的数据几乎都是暗数据（暗数据是指那些需要资金来存储、保护和管理，却没有得到高效利用，不能提升商业价值的内容），更重要的是，这些数据还分散在多个数据库中。这就使企业难以获得一个完整的客户视图。所以，当客户开始接触那些真正关注客户服务、了解并满足客户需求的企业时，这些缺乏完整视图的企业将毫无竞争力可言。

所以，企业不能总固守过去，而是需要以一种开放的态度面对未来。企业需要有实时的、明确分类的数据，以便对竞争对手和行业领域的变化做出反应。

物联网的普及势必将掀起一股巨大的创新浪潮，尤其在制造业产品的价值链中，物联网定会起到举足轻重的作用，因为物联网是"工业4.0"理念的极重要的一环。随着这股创新浪潮的兴起，企业不仅能够打造高效、灵活、模块化和自动化的智慧工厂，还能基于物联网解决方案另辟蹊径，成功转型为利用云计算的增值服务型企业。

（三）全力打造数字化价值链

数字经济为企业创造了许多新的业务机会，而且这些机会涉及价值链的方方面面。但是，企业要想抓住那些机会，就必须快速、灵活地利用数据，因为数据是推动数字化业务运营和创造增值业务成果的动力。现状是，价值链由过时的系统、脱节的流程和分散的信息提供支持。毫无疑问，这会让企业在竞争中处于劣势。因此企业将无法在覆盖多个业务领域的端到端流程中及时制定决策。而流程本身的脱节更会进一步延误策略。

复杂性是整个价值链中亟待解决的问题。然而，随着企业向数字经济转型，并采用物联网、社交媒体及其他外部的结构化和非结构化数据流，整个价值链将变得更加复杂。而要解决这个问题，唯一的办法是在企业内部构建一个灵活的数字化核心平台。这样，企业就能够对财务、供应链、研发和制造等核心业务流程执行进行平台迁移，并实时整合业务流程和商务分析，从而实现更智慧、更快速和更简单的运营。借助先进的内存计算技术，企业终于能够摆脱批处理模式下的业务运营，也无须再构建复杂的流程来突破传统技术的限制。事实上，数字化的核心是能帮助企业化繁为简，并释放数字化业务的全部潜能。借助由数字化核心平台驱动的数字化价值链，企业将有机会提升业务价值和优化客户体验。该平台能够支持企业在所有业务领域实时制定决策，成为有效执行数字化价值链的重要一环。这样，企业就能够专注于战略性优先工作，而不是花时间维持系统的正常运营。

新技术发展到今天，不仅涌现了许多新兴数字化公司，而且也促进了一些传统企业的变身。企业应该明白，向数字化转型不是一蹴而就的事，而是任重而道远。企业必须立即行动，在专业机构的帮助下，逐步打造数字化能力，尽快成为数字化企业。

三、企业创新管理数字化转型的技术趋势

数字化已经深深地嵌入了所有企业。即使技术已经成为组织及其战略的重要组成部分，只有人本身，才能确保企业在一个以前所未有的速度脱胎换骨的世界中立于不败之地。

（一）智能自动：数字时代不可或缺的"新员工"

机器和智能软件将成为企业的新员工，为人类提供新的技能，辅助其完成新的工作，重塑无限可能。智能自动最大的威力是从根本上改变了企业与个人的工作方式。机器以其独有的优势与能力使人类工作完成变得如虎添翼。随着智能技术的日益完善，它将为人类工作带来前所未有的活力，激发无限可能。现在，企业可以换种方式来完成工作，还可以做与众不同的事。"机器和人工智能将成为企业的新员工，为人类提供新的技能，辅助其完成新的工作，重塑无限可能"。

（二）柔性团队：重塑当今的数字文化

为了紧跟数字时代不断发展的步伐，实现宏伟目标，企业除提升工具和技术方面的硬实力之外，还需特别注意锻造"员工团队"这一软实力。过去，人们的职业技能、轨迹和目标都相对固定。如今，各种行业的企业都在培养"柔性团队"，他们能不断适应环境及自我调整，且具有较大的灵活性和较强的应变能力。"借力于数字技术，企业员工改变了企业将要做什么，更重要的是怎么去做"。

（三）平台经济：由外向内推动创新

行业领军者已不满足创建新的技术平台，而应打造平台化的新经济模式与战略，

推动全球宏观经济再一次的深刻变革。未来，无论是顺势而为向平台化转型，还是固守一隅，企业都需要在平台经济中找准合适的战略定位。

（四）预见颠覆：利用数字生态系统促进新的增长

精准农业或产业物联网等迅速崛起的各种数字化平台为构建新型商业生态圈树立了典范，激活传统产业转型升级。打造出这些数字生态圈的企业打破了行业疆界，向全新的商业对手发起挑战。以往技术颠覆力量说来就来，不可预测，但如今企业根据生态系统的发展情况就可以预见下一波趋势。企业如果能够立即行动，从确定其在生态圈的独特战略定位创造出新的产品和服务，则有望在这场新的竞争中赢得领先。"迅速在生态圈中站稳脚跟，联合新的合作伙伴发展平台型服务，在新的竞争中赢得领先"。

（五）数字道德：商业道德与信息安全是加强客户关系的纽带

信任是数字经济的基石。用户不信任，企业就谈不上运营数据的使用与分享。在数字经济的环境下，用户、生态系统和监管者之间应当如何获得和保存数据？坚强的网络安全与道德体系是固守客户信任的强盾。企业需要以产品与服务的创建为起点，认真考虑道德和安全问题。当企业与客户间建立起长期的信任感时，将赢得长久的客户忠诚度。"巩固安全防护、履行隐私合规要求是远远不够的。企业应将数据管理和数字道德提升到核心战略层面上来，从而规避商业风险"。

第九章　数字经济的推进策略

与全球数字经济强劲的发展需求相比，无论是法律法规、治理机制，还是数字技术的全面普及，都还处于相对滞后的状态。要想让数字经济最大限度地发挥增长引擎和全球化驱动力，就必须从源头上思考如何促进数字经济健康稳步地发展，制定出推进数字经济发展行之有效的战略决策，加快推进数字基础设施建设，推动数字经济发展的产业政策完善，完善数字经济的人才培养机制并优化数字经济的营商环境。

第一节　基础设施：加快数字基础设施建设

数字基础设施就像是数字经济发展的大舞台，只有搭建好这个舞台，数字经济才能更好更稳定地发展，所以数字基础设施的建设对数字经济的发展至关重要。数字基础设施不仅包括传统的高速宽带、网络等信息基础设施，还包括铁路、公路、水运、电力等传统基础设施的数字化过程。同时，加强信息产权保护和信息安全保障也是数字基础设施建设的范畴。

目前，传统数字基础设施全国普及情况良好，各省间差距也较小。各省都加大力度参与到数字基础设施的建设之中，在改善传统基础设施数字化转型的同时，还积极建设数字化基础设施。尤其在传统基础设施的转型升级方面，得益于我国不断地推动互联网普及工作，各地区的数字基础设施建设得以飞速发展。

各省传统数字基础设施平均指数达24.6。广东、北京、江苏、浙江、福建、山东、河南、四川、上海、河北、湖南、湖北、辽宁13个省的传统数字基础设施高于平均分，表明其传统数字基础设施较其他地区更好。安徽、陕西、山西等省份虽低于平均分24.6，但基本都在17～24的范围内，说明这些区域与高于平均分的区域差距并不大。

完善信息基础设施，加快宽带基础设施建设，布局5G网络。目前，全球大多数国家实施了宽带战略和行动计划，通过提高宽带网络的普及程度，提高网络用户的普及率，从而有效发挥信息基础设施在建设数字社会中的重要作用。如今，我国十分重视高速网络宽带建设，积极推动互联网的普及工作，并且积极推进网络提速降费，并且已取得了突出的成绩。

宽带发展联盟发布了 2018 年《中国宽带速率状况报告》，数据显示，2018 年我国固定宽带和 4G 网络用户下载速率都取得了较大幅度的提升。在各省市移动宽带用户普及率中，北京位居榜首，移动宽带用户普及率高达 162.3%；其次是上海，普及率为 139.7%；排名第三的是广东，移动宽带用户普及率为 130.6%；其后分别为浙江、宁夏、陕西、江苏、海南、青海、福建，各省的宽带普及也在相互竞争中发展。

报告数据显示，2019 年第二季度我国固定宽带网络平均下载速率显著提升。其中：上海固定宽带网络平均可用下载速率为 39.10 Mbit/s，位列第一；北京，以固定宽带网络平均下载速率 37.63 Mbit/s 的速率位列第二；其后分别为江苏、天津、浙江、福建、湖北、河南、海南、重庆。我国固定宽带用户体验速率提升速度加快，移动宽带网络速率也在快速提升，网络提速效果明显。

正在发展的 5G 网络显示出更高的可靠性和更低的时延，可以为实现万物互联提供重要基础，更有力支撑经济社会的创新发展。和目前在用的 4G 相比，5G 具有更高的速率、更宽的带宽，能够更好地满足自动驾驶、智能制造等行业应用需求，满足消费者对虚拟现实、超高清视频等更高网络体验的需求。可见，5G 技术将给我们带来全新体验的智能时代，也给传统企业的数字化融合发展带来深刻的变革和前景广阔的想象。因此，我国应积极打造基于 5G 通信技术的基站和内容平台，尝试将 5G 技术运用于传统服务业，探索 5G 技术在政事、商事、民事上的深度应用，加快 5G 的总体布局规划，为我国数字经济的发展提供重要的基础与内在动力。

加快建设新型数字基础设施。各地发力加快对数字基础设施建设，数据中心成为竞争热点。据《2019 中国数字经济发展指数白皮书》，各省数字经济新型数字基础设施平均指数为 6.9。北京、广东、浙江、江苏、山东、上海 6 省市新型数字基础设施指数排在第一梯队，新型数字基础设施水平远远领先其他地区。辽宁、福建、江西、河南、四川、湖南、河北、湖北 8 个省份紧随其后，指数在 6.9 以上，位列第二梯队。安徽、黑龙江、天津、海南、重庆、陕西 6 个省市位列全国第三梯队。广西、山西、吉林、云南、内蒙古、新疆、甘肃、贵州、宁夏、青海、西藏 11 个省、自治区新型数字基础设施建设相对较弱，位列第四梯队。

《2019 中国数字经济发展指数白皮书》指出：传统与新型数字基础设施指数省际

差异对比明显。传统数字基础设施建设方面差异性较小，但在数据中心指数、5G 试点城市数量指数、IPV6 比例指数三个指标的标准差较大，说明各省份在新型数字基础设施布局方面存在一定差距。

随着数字经济的不断发展，我国正在将俗称"铁公机"的传统物理基础设施转变成数字基础设施，不仅开启了新的经济机会，创造了新的就业岗位，而且提高了我国的经济发展质量。在传统基础设施上加上物联网技术，添加一层数字层、网络化的传感层，就能够获得以前很难定量化的服务数据，便于相关部门为民众提供更好的基础设施服务。例如，数字化停车系统能够帮助城市管理者了解停车位是否够用，以及是否存在车位没有被有效使用的情况。因此，传统物理基础设施的数字化转型，在节约了运行时间的同时降低了资源的利用。

传统的基础设施一般对于实际运行状况很难了解，但数字基础设施能够通过快速的数据收集及时了解讯息，并对紧急情况提供相应的预警，大大提高了经济利益和公共安全。以预防桥梁坍塌的数字基础设施为例，对于有几十年甚至上百年寿命的桥梁来说，坍塌往往是由多种原因造成的，而且可能是持续恶化的结果，并不知道在什么时间会真的塌掉，一般这些情况靠肉眼是很难预测到的，但通过安装联网传感器，就可以实时监测到这些变化，然后及时地采取保护性维修措施，大大降低维修成本，并且避免人员的巨大伤害和财产损失。另外，通过数字系统的预警也会将损失降到最低。因而，数字基础设施的建设为我国的社会经济效益的提升提供了有力的支持。

数字基础设施通过实时监测，还能够使服务价格更容易获取，从而使供需关系得到动态平衡。例如：模拟电表无法实时读取用电情况，而智能电表却可以，供电商可以根据智能电表监测的用电高峰和低峰，对不同的时间段进行差异化定价；使用智能交通工具，可以探测通行者行驶的不同区域和时间，通过收取不同的费用大大提高交通运输的效率；网络服务供应商也经常利用数字监测工具来统计网络宽带用户的使用情况，然后制定差异性的网络费用，提高网络费用的收益。可见，传统基础设施的数字化建设带来的效益是综合的，因此我们应该积极地实现传统基础设施的数字化、智能化发展。

物联网已经逐渐融入了人们的生产生活中，所以加快建设新一代专用物联网设施刻不容缓。要想打造覆盖广、高可靠、低时延物联网网络设施，提供良好的网络覆盖和服务质量，就要进行针对性的物联网建设。对于城市物联网的建设，首先是要完善公共设施物联网平台建设，应将全区道路设施、水电气设施、地下管廊等公共基础设施传感器统一接入，推动城市数据传输、消息分发和协同处理一体化体系的建立。对于企业中工业物联网的应用，最基础的也是构建感知互联的基础网络平台，然后就需要建设机联网、厂联网的基础设施体系，打造智能化工厂车间。此外，应积极引导企业开展工业物联网、信息物理系统等技术的研究和应用，加大物联网技术在工业生产中的应用，充分发挥物联网赋能传统基础设施建设的能力，促进传统基础设施的数字化转型。

在数字经济环境下，互联网提升了信息交流速度，但同时对传统知识产权保护体系形成了前所未有的冲击，因此我们要强化信息知识产权保护，提高经济发展质量。只有尊重对信息技术做出贡献的成果，才能进一步激发大家创新的积极性，但现有的网络知识产权保护体系未能跟上互联网的发展速度，存在法律确认难、保护范围有争议等问题。所以为保持数字经济的健康有序发展，应将网络交易平台纳入法律监督之内，借助技术手段对网络交易的各阶段进行监控，并加强信息产权保护制度的建立。在我国现有法律规范中补充信息产权的内容，完善信息产权保护机制，严厉追究售假问题，做到网上商品交易可查、可控、可问责，对于侵权的行为及时发现并且依法采取制止的措施。总之，要积极提高信息知识产权保护在法律中的地位，促进信息技术产业市场健康有序地发展。

我们在享受信息化时代带来便利的同时，也承担着信息化带来的诸多风险，所以要努力建设信息安全保障体系，防范经济损失的发生。网络安全不存在地缘和政治的界限，是全球性的威胁和挑战。目前，以防御为核心的传统安全策略已经过时，信息安全问题正在变成一个大数据分析问题，海量的安全数据需要被有效地关联、分析和挖掘。所以，要提升信息的安全防护能力，对于网络设施、工控系统、网站等关键信息基础设施要努力提升到安全可控水平；同时，支持重点企业管控关键工业控制系统信息安全的风险，推动其加强工业控制安全网关部署，逐步建立起工业控制系统防控与预警平台。政府也要采取相应的措施，积极建立数据资源分类管理和报备制度，推进大数据应用场景下的信息安全保护，提升重要数据的保护能力，加强重要数据安全保护。同时，公民要提高信息安全素养，注意保护自己的身份信息等重要数据。因此，信息安全保障体系的建立，不仅需要政府和企业共同重视并采取相应的措施，还需要个人数据保护意识的增强，才能真正有效地解决信息安全的问题，为数字经济创造良好的发展环境。

因此，面对数字经济的快速发展，作为基石的数字基础设施也不能落后。我国要大力促进传统物理基础设施的数字化转型，及时制定适应互联网发展的法律法规，保护信息知识产权、技术创新成果，以及每个人的隐私数据，从而为数字经济的发展提供必要的基础建设和内在动力。

第二节　推动数字经济发展的产业政策

以互联网为代表的新一代信息技术的深入应用，使得我国数据资产超越全球，这也必将引发新一轮产业政策、治理等领域的深刻变革。我国坚持发挥国家政策引导作用，推动我国数字产业化和产业数字化的创新发展，积极探索适合我国国情的数字产业发展理论。

2019年11月，国家发展改革委、中央网信办联合印发《国家数字经济创新发展试验区实施方案》，积极探索数字经济发展和产业转型升级的产业政策，以加快各行业领域的数字化转型步伐，推动数字经济的发展。方案主要从以下三个方面着手：首先，不断激活新的生产要素，培育数字经济时代发展新动能。数据已经逐渐成为新的生产要素，所以应积极探索数据高效安全的利用机制，同时创新发展核心技术的革新成果，着力壮大数字经济生产力，促进互联网、大数据、人工智能与实体经济深度融合，推进产业数字化发展。其次，不断探索新的治理模式，迎合数字经济发展的需要。对数字经济的新型生产关系不断调整，同时还加快政府的数字化转型；推进多元参与的数字化协同治理体系的建立。最后，不断加强数字基础设施的建设，强化数字经济发展基础。探索万物互联新模式，推动新型基础设施、新技术、新装备专业试验场所等数字化基础设施的共建共享。

产业互联网化是互联网与传统产业的融合创新，目前广泛应用于传统产业的数字化转型，只有充分了解产业互联网的应用新模式，才能提出正确可行的产业政策。产业互联网应用于传统产业形成新业态的过程，不仅是互联网技术与传统产业的融合，将互联网所承载的庞杂信息高效地运用到传统行业的生产、交易、融资、流通等各个环节中去，而且是互联网思维对传统产业的渗透。不同于消费互联网，产业互联网以高效率、低成本提供生产性服务，有效地衔接了第一产业、第二产业和第三产业，从而推动实体经济与互联网、大数据、人工智能的深度融合。因此，在生产和消费大循环中,产业互联网是解决生产问题、升级实体产业的根本动力,所以,应对产业互联网制定相应的政策制度,为数字经济健康快速地发展提供内在动力。

要大力扶持产业互联网的民族企业走出国门。随着数字经济的发展,数字文明的载体、国家的竞争力都将体现在数据资源的竞争、数字文明的话语权上,产业互联网作为数字与现实的连接者,应积极拓展国家产业网络空间。国家网络空间的壮大不仅可以为各个行业提供数字化的生产服务、流通服务、交易服务,还能带动相关国家的产业结构向数字生态迁移,纳入"一带一路"的总体经济循环,形成"数字命运共同体"。因此,我国应拓展数字经济时代的互联网产业发展空间,从而确立我国在数字空间、数字文明、数字经济领域的大国主导地位。

政府应该制定相应的推进政策,同时提供一定的资金支持。政府可以设立中国产业互联网研究院,抓紧部署一批产业互联网发展的基础性研究项目,对事关国家战略、民生保障、国民经济发展的核心产业率先开展基础性研究,为产业互联网的发展制定实施计划及基础性项目规划。同时,设立产业互联网投资基金,重点支持产业互联网平台型公司,它们是带动产业整体性转型升级的枢纽。为了更有效地推动平台型公司的发展,需要变被动为主动,把原本给到企业的政策性补贴变为投资产业互联网的引导基金,通过国家资本的带动社会资本的投入。

大力发展数字经济已经成了国家层面的战略目标,因此,应制定国家层面的产业发展战略。通过国家的战略引领,政府部门应尽快出台配套的产业发展政策,着力于激励行业组织引导产业实体和科技企业积极响应,吸引国家资本和民间资本大力跟进。在数字产业生态中,经济问题、安全问题、治理问题连接在一起,要尽快建立端到端的数字安全处理机制、全网络空间统一的应急处理机制,寻求整体性、系统性的解决方案。与此同时,出台相关数据安全保护的法律法规,在确保数据、个人隐私安全的基础上,鼓励产业推进数据融合与应用,通过国家的引领为数字经济时代中的产业发展保驾护航。

数字产业治理体系的健全需要不断地完善产业风险防范体系,支持创新与加强监管并举。要尽快制定技术标准,形成行业规则,同时加强国际合作,共同探讨数字经济的国际规则和治理体系。对于网络空间的治理也应大力推动,促使产业发展在发展初期就够纳入严格的监管和规范之下,避免出现产业钻法律空子的乱象。另外,要加快国家级的治理体系的基础设施建设,为产业融合发展提供基础保障。数字产业不同于传统产业,其治理和监管的制度也完全不同,相应的产业政策也应及时调整、优化。

以"数字经济"为内核的现代化经济体系的形成,是世界各国都在追求的目标,我们要把握这百年一遇的历史契机,沿着产业互联网的路径坚定地走下去,制定相应的产业政策。在未来,不仅能建设一个强大的数字中国,而且能建设数字"一带一路",最终实现数字人类命运共同体的宏伟目标。

第三节　完善数字经济的人才培养机制

面对数字经济的飞速发展和数字技术的不断革新,数字人才的培养显得尤为重要。在数字经济与实体经济融合加深的过程中,传统企业不仅需要技术研究人才,还需要把技术应用到实践中的高素质技能型人才,但就目前传统企业人才现状来看,无论从数量上还是质量上,都不能满足企业的发展需求。因此,要想使数字经济更加快速健康地发展,我们必须要紧跟数字经济的不断发展,紧随时代的步伐,不断完善数字经济的人才培养机制。

数字经济发展引起了数字技术的不断革新,要求我们具备较高的数据素养与技能,才能适应向数字化的转变。数字技术的创新引发最大的问题就是就业,可以说具有双重影响。它一方面会带来新的工作机会,但同时也会替代一些技术水平较低的原有岗位,带来一定的技术性失业。具体来说,数字技术水平的提升,会使就业门槛提高,让一些不具备先进技术的人无法就业。另外,数字技术的发展更迭速度很快,这就要求我们不断学习,一旦停止了学习,可能就会影响我们在高技能行业的就业问题。因此,提高数据技能水平,增强数据技术的学习是数字经济时代必须要紧紧跟随。当然,数字人才的培养也不是靠几个人就能完成的,需要政府和社会的共同协作,还要制定完善的培养机制。

第一,教育是民族振兴和社会进步的基石,强化数字人才的高等教育是重中之重。我们要深化教育改革,建立健全高等院校、中等职业学校学科专业调整机制,加快推进面向数字经济的新工科建设,如积极发展数字领域新兴专业,促进计算机科学、数据分析与其他专业学科间的交叉融合,扩大互联网、物联网、大数据、云计算、人工智能等数字人才培养模式。另外,随着产业数字化转型升级,很多院校的人才培养工作跟不上数字化经济时代的需求,存在与行业需求脱节、与真实应用脱离、与实际要求脱轨、与企业脱钩等情况。在职业院校、应用型本科高校启动"学历证书＋职业技能等级证书"（1+×证书）制度试点，鼓励学生在利用数字化技术获得学历证书的同时，积极取得多类职业技能等级证书。这将成为数字经济时代职业教育发展的必然趋势。

第二，加强职业数字技能的培训才能适应数字经济的飞速发展。目前，无论是学生还是在职人员，考取各种各样的职业资格证书已经成为一种趋势，所以国家可以健全职业资格目录，做好有关人才资格认证的工作。面向新成长的劳动力、失业人员等群体，可以增加大数据分析、软件编程、工业软件、数据安全等数字技能方面的职业证书。对于企业来说，可以把人才自主培养作为突破人才短缺屏障的重要途径，如将经费花在数字技能的在职培训上，进一步整合资源，利用资金建立资源共享的数字技能实训基地，系统地培养职工的数字技能的能力，从而全面提升职员的数字技能实训能力。

第三，从数字经济飞速发展的形势来看，我们需要不断地学习，因而，应当积极建设终身学习数字化平台体系。政府、高校、社会教育机构等可以建立一批大规模在线开放课程平台、在线模块化网络课程。这样不仅可以让人们更快找到学习资源进行学习，以至于不会落后于数字时代的发展，而且网络化课程平台的学习方式能方便劳动者随时随地利用碎片化时间学习，提高自身数字素质。同时，企业应完善网络平台教学管理系统，并开展自适应学习实践项目，这样方便为职工能动地学习创建良好的环境氛围。因此，面对数字技术日新月异的变化，应努力建设适应数字技能发展的数字化终身学习平台。

第四，吸引社会力量参与数字人才培养。提高数据素养不是一个人的事情，需要全社会的共同参与，所以要吸引社会力量参与到数字人才培养的工作中来。可以探索产教融合、校企合作培养的新模式；要充分发挥政府职能，加大政府购买服务力度，支持数字经济大型骨干企业与科研院所共建人才培养基地。政府应建立多方协同的职业培训规范管理制度，充分发挥企业、行业协会、培训机构的积极作用，从而为社会数字人才的培训提供更多的机会和场地。

第五，加快健全激励机制。各级政府应该及时抓住数字经济蓬勃发展的大好机遇，进一步解放思想，更新观念，跟上新时代发展的形势。通过制定和发布具有竞争优势的人才引进政策，激发企业人才引进的主体作用，支持企业引进更多高端复合型人才。具体来说，政府应积极引导薪酬分配政策向数字人才倾斜，并且积极探索灵活多样的薪酬分配方式，这样便可以引导大量人才走向数字技能领域。另外，不断完善适应数字经济发展特点的税收征管制度，同时发挥企业主体的作用，完善数字人才在人才落户、岗位聘任、学习进修等方面的福利，从而全面做好数字人才激励工作。

以云计算、物联网、大数据、人工智能、区块链等为代表的新一代数字技术蓬勃发展，成为推动全球产业变革的核心力量。数字技术发展与各领域、各行业融合创新，推动资源要素与模式变革，快速推动企业的转型升级和变革。当今，企业的竞争已经从传统的产品竞争转向商业模式竞争。企业需要拥抱数字技术，而数字技术的革新需要人才的推动，所以应当加强数字人才培养，但数字人才的培养不是一朝一夕就能完成的，是一个长期的系统的工程，需要各界携起手来共同交流、探索与合作，最重要的就是建立行之有效的人才培养机制，这样才能为数字经济的发展贡献巨大的力量，推动数字产业迅猛发展。

第四节　优化数字经济的营商环境

良好的营商环境是企业快速发展的必要条件。数字经济的飞速发展，也会出现与营销环境不相适应情况。未来数字经济健康有序发展，优化营销环境首当其冲。优化数字经济发展下的营销环境离不开政府的宏观调控和企业的积极配合。

2019年10月24日，世界银行在美国华盛顿发布了最新一期的全球营商环境报告。这份《2020年营商环境报告》指出，由于大力推进改革议程，中国营商环境2019年改善指标数量为8个，在2018年有所增长。而且，我国已经连续两年跻身全球营商环境改善最大的经济体排名前10，并且在总排名中继续获得大幅提升——由去年的46位上升至31位，位列东亚太平洋地区第7位，仅次于日本。

在办理施工许可领域，与2005年相比，2019年中国在流程数量和时间方面都显著减少。由《2020年营商环境报告》可以看出，中国的营商环境无论是得分还是排名都有了明显进步，已经努力做到营商环境的优化。其实，优化营商环境就是要注重质量和效率，制定有效且易于遵循和理解的规则，实现经济效益、减少腐败和促进中小企业繁荣，消除烦琐环节。

世界各国政府在改变商业监管框架方面投入了大量精力，推进营商环境变得更加优化，基本都是直接采取措施，大幅度修改法律法规。总体而言，其主要目的就是简化流程、简化程序和提高立法效率，提升信息的可及性和透明度。目前，新一代信息技术已经成为推动全球产业变革的核心力量，数字公民、数字政府、数字企业逐渐成为数字经济营商环境中的三个主角。所以，它们只有与时俱进地跟上时代发展，才能推动我国数字经济的发展。因此，今天我们想要激发市场活力、推动经济活动的数字化，就要将数字化营商环境列入改革的重点。

首先，全面清理政府采购领域妨碍公平竞争的规定和做法。政府不能因为供应商的所有制形式、组织形式或者股权结构，而对供应商实施差别待遇和歧视待遇，或者对民营企业设置不平等的条款。另外，政府不能设置供应商规模、成立年限等门槛来限制供应商参与政府采购活动，也不能不依法及时、有效、完整提供采购项目的信息，妨碍供应商参与政府采购活动。在政府的数字化转型过程中，可以应用大数据、人工智能、云计算等技术优势嵌入政府采购中，依靠算法自动识别、监控和预警，减少人为因素的扰乱，杜绝违反法律法规相关规定的一切其他妨碍公平竞争的情形，进而促进市场公平有序竞争。对于企业同样有要求，企业不能为了寻求自己的便利，在政府采购活动之前进行不必要的登记、注册，或者要求设立分支机构，这种行为会使政府采购市场进入一定的障碍。因此，各地区、各部门要抓紧整理政府、企业妨碍公平竞争的规定和做法，有关的清理结果也要及时向社会公开。

其次，政府要严格执行公平竞争审查制度。各地区、各部门在制定涉及市场主体的政府采购制度办法时，要严格执行公平竞争审查制度，谨慎评估对市场竞争的影响，防止出现排除、限制市场竞争问题。所以，政府要重点审查对供应商参与政府采购活动设置不合理的制度，如各部门是否设置没有法律法规依据的行政审批，或是否违规给予特定供应商优惠待遇等，如果经审查认为不具有排除、限制竞争效果的，则可以颁布实施，否则不予出台。同时，政府应当定期评估企业采购相关制度对全国统一市场和公平竞争的影响，及时修改、完善妨碍统一市场和公平竞争的情况。

再次，利用数字化技术降低营商环境中的时间和物理成本，并进一步提升政府采购透明度。加快数字技术在电子政务中的应用，以前通过人力去办的事情积极转换成电子化流程，节省人力成本。对于以前浪费大量的纸张来回流转批示的现象，可以实行网上办理，节省资源和成本。因而，用数字政府再造政务流程，不仅推动深化改革提高行政效率，降低行政成本，而且释放出更多的行政资源为人民群众和企业办事。另外，要利用大数据、云计算、物联网等数字技术完善政府采购信息发布平台服务功能，便于供应商提前了解采购信息，保持市场正常的运行秩序。

最后，完善政府投诉渠道，研究建立与"互联网＋政府"相适应的快速裁决通道，为供应商提供标准统一、高效便捷的维权服务。第一，完善政府对于质疑答复的内部控制制度。对于供应商提出的质疑和投诉，政府部门应当及时答复和处理，进一步完善政府投诉处理机制。第二，对于依法处理的方式，可以仿照杭州营造国际一流营商环境的实践，专门建立一个结合当事人在线起诉、应诉、举证、质证、参加庭审以及法官立案、分案、审理、判决、执行等诉讼全流程功能模块的网络平台，并通过互联网技术实现大数据、人工智能等科技与审判、执行全流程的融合，技术条件的有效支撑与审判团队的专业知识相结合推动了诉讼链条全程网络化创新。第三，各地区、部门要提高重视程度，充分认识到维护公平竞争市场秩序、优化政府营商环境的重要意义，强化监督检查，确保各项工作的要求都落实到位。

虽然当前我国数字经济的发展速度惊人，但优势更多地体现在日新月异的模式创新、庞大的市场容量等方面，基础设施的建设、数字化营商环境与发达国家相比仍有一定的差距。因此，我国要想建成数字经济强国，就必须在更高的层面上参与相关技术、产品、服务的国际化创造，立足优势找策略，从而占得先机和话语权，为中国企业"走出去"创造更多的机会，让更多的中国企业涌现在国际舞台上，为世界提供"中国方案"。

第十章　数字经济治理的新路径

数字经济进入公众视野，展现的是对传统行业颠覆性变革，但数字经济发展的关键仍是治理能力的提升，如何跟上不断创新发展的数字经济，成了现在面临的问题。因此，要结合国情和企业自身情况，走出一条具有中国特色的数字经济治理创新之路。

第一节　建设数字政府，推进数据开放共享

信息和数据逐渐成为数字经济发展的重要生产要素和基础，在经济和社会发展中，海量的数据信息在不停地运转和流动。加强信息公开和数据开放共享对数字经济的发展具有重要意义。

政府部门拥有大量的社会信息、数据，若着力于促进数据的开放共享，应该以政府数据信息开放为重点，大力推进数字政府的建设。数字政府一般指的是建立在互联网上、以数据为主体的虚拟政府，是一种新型的政府运行模式。其实现了"业务数据化、数据业务化"以及"数据决策、数据服务、数据创新"的以新一代信息技术为基础的政府政务架构建设。数字政府不仅是"互联网+政务"深度发展的必然结果，还是现阶段大数据发展背景下政府转型升级的必由之路。

在数字政府的环境下，政务数据信息可以得到快速便捷的流通与共享，打造政务数字化服务链，提升政府的治理能力。政府的数字化转型，是指政府在治理过程中，以大数据"智能化"技术手段感知、分析、整合社会运行核心的各项关键信息，并通过经济组织、社会组织和公众的参与和协作，对政府决策和各项社会活动治理做出智能的响应。具体来讲，进一步推动建立统一的数据采集传输标准、数据交换平台和数据共享机制，同时，研究促进数据开放共享的政策法规，有利于打破数据壁垒、消除信息孤岛，从而推动市场监管、公共服务、民生保障和社会治理等方面实现数据共享，最终建立更具有责任性，更值得信赖，更加开放、透明、高效的政府，为数字经济的发展提供强有力的支撑。

据统计，我国有80%的信息资源掌握在政府部门手中，但这些数据大多没有被充分利用起来。造成这种现象的主要原因就是政府部门的属性和工作人员的积极性。政府部门与一般的企业不同，存在一定的公益属性，缺乏政务信息资源开发的经验，从而导致大量的数据不能被公开利用。同时，数字技术迅速发展，导致很多人不懂如何利用新一代信息技术去开发政务信息资源，使得政务信息资源无法实现价值的最大化。因此，政府部门应该加强数字化信息平台建设，推动相关政策的实施，调动政务人员工作的积极性，学习数字技术，从而实现政府数据的充分利用和价值变现。

要实现政务数据信息的开放共享，促进政务服务效率与质量的提升，最需要发挥政策优势，以标准化为切入点，逐步应用并完善云端共享平台，深度融合机制与技术的创新，保障配套资源支撑，分阶段、有重点地推进政务数据的共享。

首先，要建立健全政策法规和标准规范体系，切实有效地为政府数据开放提供政策层面的架构支持与保障。政府信息应以公开为原则、不公开为例外，对于不公开的信息要明确列举不得公开的理由，进一步推动政务信息透明公开化的实施。除此之外，所有政务信息都必须及时地公之于众，接受群众的监督。同时，强化安全与隐私保护体系建设，切实保障数据安全，确保数据安全透明，构建基于自适应安全架构的主动防御体系。总之，政府在依法进行数据保护的前提下，大力推动政府数据资源开放共享，加快推动政务信息资源开发再利用。

其次，加强对各级政府工作人员的数字化培训，推进政府数字化建设。大数据、云计算、人工智能等新兴技术的快速发展，给政府组织形态和运作模式都带来了剧烈冲击，也给许多政府工作人员带来了巨大的压力，使得人们有了一定危机意识，所以要抓紧加快对他们的数字化培训，以推动数字政府的快速建立。从短期来看，应做好各级干部的数字化知识和技能培训工作，集中培训一轮，增强机关公务员利用互联网技术和信息化手段开展工作的意识和能力。从长期来看，要制定适应数字政府发展要求的人才战略和措施，建立人才培养、引进、流动和使用机制，各部门应加强信息化机构和专职工作人员的配备，建立有效的数据管理体系和数据开放人才培养机制，为政务数据开放提供保障，从而推动信息化与业务的真正融合，为政府数据的开放共享奠定良好的基础。

最后，要以制度创新、业务创新、技术创新驱动数字政府改革建设，形成数字政府整体化运行新模式。以政府行政运作过程中的各类问题和需求为导向，按需要实现信息的高效共享和跨部门的无缝协同，提高政府的整体运行效率。借鉴英国数字政府的建设经验,它们分为三个层面进行突击:战略层面,在以"用户为中心"前提下,存在着从技术到服务,再到政府转型的演变;工具层面,始终聚焦于通过持续改革创新提高服务效率和效益;治理层面,保持了内阁的集中领导,并逐步形成政府部门、学界、产业界和用户共同参与的治理网络。我国政府应充分利用有益经验,合理消化吸收,充分发挥市场的主观能动性,盘活政务信息资源,从而最大化实现政府数据的经济社会价值。

政府积极推进数字化转型,实现数据信息的开放共享,其目的就是提高政务服务效率和质量,提升政务服务的供给能力。以浙江省数字政府的建立为例,浙江省在信息技术及互联网产业发展迅猛的基础上,大力推进了"数字政府"的建设。为此,省市两级和大部分县政府均设立了专门的数据资源管理部门,对全省数字化发展进行统一领导、统一规划、统一建设。目前,以"城市大脑"为代表的一批数字化应用已经初见成效。"数字政府"不仅成为各级政府和部门治理能力现代化的有力抓手,也使老百姓享受到了"数字化"带来的红利。

在浙江诸暨市公共服务中心,可看到民政、不动产登记、投资项目审批等办事区域有序分布,为保证办事秩序和保护每位群众的私密性,不同于传统窗口柜台的形式,区域用隔板分开,群众可方便地办理不同的业务。原先交易办结需要至少9个工作日,而现在通过集中进驻、数据共享,办理人员基本在1小时左右就可以完成交易。另外,自助服务设备以居民身份证和统一社会信用代码为索引,将25个部门数据整合到公共数据平台,为"一证通办"信息管理系统提供了快捷的数据服务,只要一张身份证,办事工作人员就能按需从公共数据平台调取所需要的证明材料。可见,通过自助服务设备的配齐完善和政府的数字化转型,群众办事效率显著提高。2022年,覆盖浙江全省的民生网、服务网和平安网将基本建成,各类社会服务向个性化、精准化、主动推送转变。

政府数字化转型不仅给政府自身带来了极大的工作便利,更重要的是使老百姓的幸福感得到了大幅提升。当政府的数字化转型成功时,当地的旅游业的发展也会得到进一步的改善,城市管理的优化不仅能够让当地的居民享受到数字化转型带来的便利,而且使外地的游客也能享受到数字红利,从而进一步提升城市的数字化发展水平。

当数据有效用于管理,新技术就能补上"能力短板"。杭州湖滨路西湖边的音乐喷泉总能吸引大量游客,短时间内聚集人流安全隐患较大,为了确保安全,管理部门常年设置硬隔离围栏,高峰时还辅以"地铁甩站"、公交不停等硬性措施,不仅效果不理想,而且游客的体验也大大下降。2018年下半年,音乐喷泉属地湖滨街道接入杭州"城市大脑",通过大数据分析发现,虽然峰值人数能达到数万人,但在平日常态下也就几千人,根据该分析结果,进行了人流的动态管理,采取精准管制措施,放置硬隔离围栏天数从原来的1年365天下降到36天。"湖滨喷泉"现象是浙江政府数字化转型在现代城市治理中的生动体现。目前不少重点城市已成立城管、交警、旅游、环保等部门及一些区县和街道工作专班,将应用延伸至城市治理多个领域。新型智慧城市的特点就是改变以往各部门"独善其身"的模式,利用人工智能加上大数据的支撑,通过数字化转型实现治理理念和能力的转型,以强大的数据力量提升现代化城市管理水平。

南沙自贸区在全国首创的数字政务可视化管理系统已经正式运行。来办事的市民群众只需要在"南沙数字政务可视化运行平台"上查看图表,通过图表上显示的全区政务服务运行状况,提前感知哪些服务平台人数比较少,然后去办理相应的业务,提高了政府办事的效率,大大提升了政务服务体验,使南沙"互联网+政务服务"管理和服务实现了弯道超车。"南沙数字政务可视化运行平台"由"今日政务""服务效能""数据共享"和"营商环境"四大模块组成,通过实时采集和加工分析南沙区综合政务服务信息平台、排队叫号系统、商事主体信息平台、事项管理系统、电子证照系统等数据,实时掌握政务服务大厅的实时运行情况、企业注册登记概况、平台数据通达性、审批效能、窗口服务效能等情况,以完善政务中心的管理,更好地服务群众为主。

第二节 加强数字公民教育,提升数据素养

随着新一代信息技术和新一代人工智能技术的迅猛发展,人类社会正在经历一场由大数据引发的革命,"一个'一切都被记录,一切都被分析'的数据化时代的到来,是不可抗拒的"。在这样的大数据环境下,个体如何更好地适应新时代发展的要求,成了亟待解决的问题。而数据素养则是个体适应大数据时代发展的重要生存技能。

所谓数据素养,是指人们有效地发现、评估和使用信息数据的一种意识和能力。外文文献中常常将数据素养称为统计素养或量化素养。史蒂芬森(Stephenson)等人

提出"数据素养是一种查找、评价以及高效地、符合伦理道德地使用信息（包括数据资源）的能力"。曼迪纳契（Mandinach）等认为"数据素养是理解和使用数据的能力，能够有效地利用信息指导决策制定"。

通俗地讲，数据素养就是在新技术环境下，从获取、理解、整合到评价、交流的整个过程中使用数据资源，使得人们有效地参与社会进程的能力，既包括对数字资源的接受能力，也包括对数字资源的赋予能力。这里可以举一个通俗易懂的例子，大部分的消费商都会雇用一些销售员进行销售，那么在当今时代，销售员不仅要进行货物的销售，还要将已售商品进行价格录入和销售业绩的汇总，这都需要一个人具备数据的获取与理解能力。从一个简单的销售员的例子，可以深刻感受到数据素养的重要性。在大数据飞速发展的时代，数据素养会潜移默化地影响我们的工作、生活。

一部人类社会的历史，既是一部生产和经济发展的历史，又是一部人类自身不断完善、素质和能力不断提高的历史。如今，恰逢面对大数据与数字经济快速发展的历史机遇，数据素养的提升就个人而言，能促进个体解放思想，创新自身的思维模式，提高自身对现实问题的分析和解决能力；就科研人员而言，许多学者分别从自身领域的角度对一系列大数据相关内容进行研究，如从哲学角度反思审视数据、大数据引发的各种隐私问题与伦理问题、数据权利与数据权属问题等，通过数据管理和统计方法分析数据库和文档从而获得对事物的认识，这也标志着数据素养成为科研人员开展科研活动的必备素养；就企业而言，数据素养成为企业创新能力提升与可持续发展的重要依托，成为大数据时代下企业脱颖而出、占领市场的重要技能；就国家而言，数据素养也将成为评价国民综合素质的一项重要指标，成为一个国家数据发展水平、创新发展能力与国际竞争力的重要评比因素。可见，数据素养已然成为个人、企业与国家生存与发展的必备技能，如果不想被时代淘汰，我们就必须提高自身的数据素养。然而，个体数据素养的提高不是靠几个人的努力就能实现的，需要政府、机构、企业等相关部门的通力配合、共同努力，广泛传播数据素养的重要性，并且采取相应的实践与措施，最终实现数据素养的大幅度提升，以便更好地迎接大数据时代。

数据意识是数据素养的先导，政府部门及相关团体应积极采取相应的措施，增强公民的数据意识。各级政府应给予政策、资金、人才等方面的大力支持，同时国家政府、组织机构、社会媒体和各地区学校加强通力合作，合力开展相应的教育普及工作。在宣传力度方面政府应发挥号召作用，在社会上营造一种尊重数据、收集数据、使用数据和共享数据的社会文化氛围，让大家意识到数据素养的重要性。与此同时，可以利用新旧媒体的力量，在社会上进行广泛的宣传和教育，使人们意识到数据的重要价值，意识到数据对我们的生存和发展的必要性，切实增强人们的数据意识。此外，学校也要通过不同的教学平台加强学生的数据素养教育，为培养数据意识奠定良好的基础。只有整个社会积极倡导、鼓励支持，我们才能不断地加强自身数字素养方面的意识。

数据伦理是数据素养的行为准则，需要坚定的道德自律，合理安全地利用数据。政府部门在充分保证国家信息和数据安全、尊重公民个人隐私的前提下，谨慎制定网络审查制度，避免不必要或者不合理地限制网络信息；充分尊重社会主体对信息和数据的有效、合理使用；同时，加大对违反数字素养行为的惩戒力度，使社会主体在使用、传播大数据的时候有所敬畏。企业应加强责任意识，正确处理好数据经济发展与个人隐私保护的关系，遵守数据伦理底线，保护个人隐私；个人要树立法制观念，增强数据安全意识，关键是要提升自身数据道德修养，坚定道德自律，合理准确地利用数据。总之，数据素养是每个公民的基本权利，任何其他社会主体不得侵犯，数据的规范性和安全性使用才是数据正确的价值走向。

公民数据素养的提升不仅是缩小"数据鸿沟"的客观要求，也在为大数据与数字经济的发展提供有力支撑。各个国家为了未来在数字素养方面不落后于其他国家，获取数字经济发展的相对优势，都将数字公民素养培育放到了教育领域，同时鼓励各社会组织机构和社会公民积极参与到数字公民素养的建设中，以期通过教育的方式提高公民的数据技能，加快全社会的数字化转型，促进数字经济快速发展。

下面以美国的常识媒体的网络健康计划为例，它就是成功探索数据技能培训的实践。美国的常识媒体是一家致力于为教师提供K12（学前教育至高中教育）领域数字公民项目的非营利组织，它们提供不同年级的课程计划和教学工具包，涵盖了"网络安全""个人隐私和安全""人际关系与沟通""网络欺凌与伤害""数字足迹与声誉""个人形象与身份""信息素养""创意信用与版权"等教学主题。由于不同年级有不同的水平，所以会根据年级来制定不同的教学主题和重点，虽然课程内容和计划不同，但"人际关系与沟通"和"信息素养"一直贯穿于所有的年级，学生学习的重点是发现、评价和使用信息的能力，对于数据信息的有效搜索和理解，以及深化数字公民的身份和数字的道德观念。之所以开展免费的数字公民常识教育课程，就是为了让学生学会批判性思考数字行为安全,并有能力参与到变化的数字世界中,同时也会为学生未来的科技学习能力提供基础支撑。

根据国外的相关教育实践经验,我国也开展了以教育为主的提升数据技能的实践。所以,学校就成了公民数据技能培养和提升的主阵地。我国对学生的数据技能的培训主要通过各种研究方法类课程以及相关的实践进行,有些数据知识和技能已经嵌入、整合到各个专业课程的教学中,但有些课程的设置还不够完善,数据素养教育与学科服务结合得不够紧密,应该把数据技能教育充分融入学科服务、信息素养教育框架之中,以此针对不同学科、不同层次科研人员的需求。在实践方面,大数据工程师、统计专家和计算机专业人士相互合作,参与到大学教育的有关环节中。与此同时,学校加大了对师资队伍数据素养的培养力度,帮助教师在课程中具有整合数据素养技术,从而提升学生对数据处理和解读的能力。

第三节 重视数据法制建设,保护用户隐私和安全

随着人类社会向网络空间的大规模迁移,人们在互联网上花费的时间越来越多,安全与隐私的泄露问题一直伴随着我们。数字经济重要特点之一就是网络的广泛连接,人、机、物通过网络连接起来,被数据化的信息就大量流动了起来,因而人们采集、获取信息变得更加容易。但是,由于数据中包含着重要信息,蕴藏着巨大价值,不当使用将会给人们带来损害。因此,需要高度重视数字经发展中的数据安全和用户隐私泄露问题。

由于数据权利兼具人格权和财产权双重属性,在大数据时代呈现出巨大的发展潜力,并且成了研究算法和人工智能技术等领域的前提基础,企业间争夺用户数据的事件也时有发生。许多网络信息平台在商业利益的诱惑下,将所收集的消费者隐私信息用于其他用途或是出售给第三方,导致大量的隐私信息泄露。

同时,由于缺乏成熟的数据保护技术,公众数据保护意识不强,也会导致数据库中的个人隐私信息极易泄露,并存在被恶意使用的风险。层出不穷的信息泄露事件都在提醒着我们,要重视数据信息的保护,重视自己隐私信息的合法收集、限制使用与安全储存。

在大数据时代下,很多对个人数据信息不当的利用行为伴随着隐私侵犯的风险。

2017年11月，我国首家"信息换商品"店铺开业，顾客可以用自己的隐私信息换购各种价位的商品，但在换购后，出卖手机号码的顾客马上收到了一则垃圾短信，出卖邮箱地址的顾客被搜索出用该邮箱地址注册过的网站，出卖照片的顾客则被用照片合成了脱发广告的代言人。人们往往对自己的隐私缺乏保护意识，随意地利用个人隐私的披露换取高效便捷的服务或是娱乐体验。

数据权利归属不够明晰实质上对于用户数据权利的实现也会产生不利影响。目前，虽然很多企业在提供很多服务前，会先行弹出授权界面，但实际上受制于格式合同的用户仍然处于相对弱势，并不具备拒绝同意条款的能力。其实，在很多情形下，用户一旦选择拒绝同意则完全无法获得相应服务，影响其正常的服务需求，如出行、购物、网络聊天和论坛交流等，所以只能选择同意。

以网络上许多第三方软件为例，测试人的命运的小程序，用户要想成功测试自己所谓的前世身份、爱情观等，就得输入个人姓名、性别、生辰八字、手机号等信息，否则就无法享受服务。这实际上是后台运营商收集个人隐私数据的手段，运营商完全可以根据用户所输入的个人信息拼凑出完整的隐私资料，引发电信诈骗和电信盗窃等违法行为，从而威胁用户的实际利益。

法律具有滞后性，一般很难跟上技术和经济发展的步伐。数字经济的快速发展与滞后的现存法律、规范和制度之间必然存在着冲突和摩擦——这是影响用户数据安全和隐私保护的重要问题。这个问题主要表现在两个方面：其一，数字经济冲破了既有的制度和法律框架；其二，数字经济发展出现的一些新现象、新内容、新业态缺乏适用的法律规范。美国早在1974年就制定了《联邦隐私权法》，欧盟在1995年颁布了《欧盟数据保护指令》，英国也在1998年颁布了《数据保护法》，但到目前为止，我国还未出台有关隐私权的专门法律。虽然从2017年6月1日起执行的《中华人民共和国网络安全法》具有里程碑的意义，但在个人信息保护上，只是完善了相关规则，还缺乏更进一步的细则。

尽管在数字经济发展中面临诸多挑战，但不能因噎废食，而应该努力营造包容审慎、鼓励创新、规范有序的发展环境，避免过度使用固有思维和框架对其监管，建立适应于新时代发展要求的法律法规。同时，增强公民自身数据隐私的保护意识，在个人数据信息的使用和保护之间寻找平衡点，实现大数据的安全保障体系与个人的信息保护的有机结合，争取在隐私保护允许的范围内充分发挥大数据的应用的优势，从而推动大数据与数字经济的稳定发展。

首先，完善隐私保护的法律政策体系。大数据交易平台要制定对于平台交易主体违规操作的惩罚规则，通过专门立法，明确网络运营者收集用户信息的原则、程序，明确对收集到的信息的保密义务，对于不当使用、保护不力的情况应承担相应的责任。同时，由于社会中总出现利用公民信息违法犯罪的现象，所以公安机关要加大对网络攻击、网络诈骗、网络有害信息等违法犯罪活动的打击力度，切断网络犯罪利益的链条，持续形成高压态势，落实法律保护公民个人信息的规定，使广大公民的合法权益免受侵害。总之，我们应立足国情，从我国数字经济发展的现状出发，制定符合自身发展需要的个人信息保护法律，完善法律体系，使人们在享受数字化所带来的便利的同时，避免个人信息数字化所带来的安全和隐私风险。

其次，提升数据信息保护的技术水平，健全数据平台使用的监管机制。目前，我国个人隐私信息服务和存储平台的建设还不够完善，而个人信息又具有巨大的商业价值，所以政府应加强对个人隐私信息服务平台的监督。平台要做的就是对其从业人员进行严格监管，使得平台的工作人员负有高度诚信义务，在数据交易过程中不得偏袒任何一方，在交易过程中对知悉的有关大数据产品的信息要尽到保密义务。同时，严格审查平台注册会员的资格，保障平台的交易主体具有较高的信用。另外，针对系统漏洞和技术薄弱处应更新技术保护手段、加强数据库的安全维护，同时更要强化数据库监管，可设立数据库监管的执法机关，针对数据库管理和使用机构内部人员违法盗取或出售个人数据的行为进行监管并处罚。正在逐渐走向大众的区块链技术，其"去中心化""集体维护"和"匿名化"等技术特点，有效地保护了数据在开放下的开放化、透明化的个人隐私。

以中国联通、中国电信和中国移动三大移动通信公司为例，它们是中国最大的三家运营商，提供给公民最基本的网络服务，所以拥有大量的个人隐私数据，如个人身份信息、联系信息、家庭地址，以及客户浏览网页时的 IP 地址等。对于这样的大平台，政府应加大对其监管力度，制定相应的政策和有效措施，同时督促上述公司加强对涉及隐私信息操作人员的管理与监督，对网络安全设备的检查，及时升级和维护隐私信息保护软件等。努力做到实时监管、实时处罚的力度，促使运营商提升对于个人隐私数据的保护水平，避免出现隐私信息泄露的问题，损害公民的自身利益。

最后，强化公众的隐私保护意识。政府应加强宣传数据安全的重要性，引导公众提升保护自身隐私的主观能动性，主动拒绝不良网站、企业等非法收集个人信息的要求。当遇到侵犯个人隐私的行为时要勇于发声，拿起法律的武器捍卫自己的隐私权利。当有各种来路不明的网站要获取你的信息时，不要因为一点利益而出卖自己的身份信息，因为这可能会导致更严重的利益损失。如果不幸遇到自己的隐私信息被侵犯，也要积极维权，在侵权责任纠纷中，受害者应积极向法院主张其权利被侵害且要求赔偿损失，并提供初步证据证明其权利被侵害的事实才能立案，立案后要提供确切、真实的证据说明自身受到的损失，积极维护自身的权益不被侵犯。

目前，有关国家保密方面相关的法律法规比较健全，但在个人隐私保护方面的法律却比较缺乏。因此，政府应加大相关法律制定的力度，企业自身也需要自律，对于数据中心行业的从业者行为要进行规范，促进和保障数据中心行业健康发展。政府可以说是世界上最大的数据收集者和消费者，每天有大量的数据通过政府处理，所以也算是保护数据隐私的一道重要防线。

第四节　加强数据伦理建设，汇聚向上向善力量

随着大数据、人工智能、区块链、物联网等前沿科技的快速发展，智能时代已然到来，对社会生产方式、生活方式甚至休闲娱乐方式造成了全面、系统的冲击，同时也会对包括伦理道德建设在内的精神文化建设产生巨大的影响。除了会出现侵犯个人隐私的现象，也会引发新一轮的伦理道德走偏的问题，如涉及的道德泛滥、歧视问题等。因此，我们需要着重加强对数据伦理道德的建设，确保科技伦理道德遵从人类伦理道德，汇聚向上向善的强大力量。

随着数字技术的不断进步，机器逐渐代替人搬运重物、快速计算，不仅大大提高了工业制造的效率，也使人从繁重的工作中解放了出来，于是人类对于机器制造的依赖远远大于对其担忧。但随着新技术的不断涌现，人工智能已经逐步可以实现像人类一样的感知、认知和行为，在功能上也可以模拟人的智能与行动，甚至可以代替许多人类思维方面的工作，而不仅仅停留在帮助人们搬运或者计算方面。可见，人工智能已不再是单纯的工具，而开始逐渐进入人类的认知世界，不断模糊着物理世界和个人的界限，刷新人的认知和社会关系。如此下去，如果不及时采取相对的措施，必将延伸出复杂的伦理、法律和安全问题。

英国哲学家大卫·科林格里奇在《技术的社会控制》一文中提到：一项技术的社

会后果不能在技术生命的早期被预料到,然而,当不希望的后果被发现时,技术却往往已经成为整个经济和社会结构的一部分,以致对它的控制十分困难。这就是控制的困境,也被称为"科林格里奇"困境。人工智能和机器人现在已经大踏步地走进我们的生产生活,为避免人工智能技术陷入"科林格里奇困境",就要做好战略规划,提前预防可能引发的安全问题。目前,虽然人们对人工智能未来的走向未有准确的答案,但对人工智能加以伦理规范已经成为一个基本共识。对此,不仅政府要积极制定相应的法律法规,科研人员和机构也需要增强伦理危机的意识,国家更要主动参与到国际伦理治理的行列中去,共同努力加强数据伦理建设,为未来技术的发展和应用提供正确的决策参考。

为提前预防和有效化解伦理道德危机,我们应从战略上高度重视前沿技术的监管措施。政府部门要率先统筹相关部门的资源,积极探索前沿技术发展的所有阶段会产生什么伦理道德问题和社会影响,再制定相应的法律法规,而不能采取自由放纵的做法或事后再应对的情况。要求技术研发企业扩大新技术研发和应用的透明度,并且能够实行政府问责制,对于促进技术进步且符合普遍价值、伦理道德的可以推行其为社会典范,引领科技研发的正风气。总之,伦理问题的高效解决不仅需要政府的努力,还需要企业、学术界和民间社会的相互合作,共同促进技术的健康创新和伦理道德规范的建立。

政府监管是一方面,更重要的是科研人员具有自觉的科技伦理意识。应树立和强化使用者的主体性和意识,强化人的主体意识有助于使我们走出数字化技术带来的人性扭曲。

当前,我国各类教育中普遍欠缺科技伦理问题的内容,导致我国科研人员在技术研发与应用的各个环节不能很好地把握伦理边界。因此,我们需要建立完善的科技伦理教育机制,督促科研人员加强对科技伦理的重视与思考,争取从"他律"走向"自律",秉持向上向善之心,不再仅仅局限于把技术和产品快速研发出来,而是更多地考虑他们开发的技术和产品对于社会的影响,肩负起科技进步和社会健康发展的责任。政府应该加强科技伦理教育的宣传与引导,科研人员和社会公众才能产生科技伦理上的自觉意识。只有这样,我们才有可能实现对前沿技术发展的良好治理,从而健康有序地促进新技术的进步。

一个负责任的科技大国必须坚守科技发展的伦理底线,完善国家的科技伦理道德建设。现代科学技术与经济社会以前所未有的速度整合和相互建构,但其高度的专业化、知识化和技术化使圈外人很难对其中的风险和不确定性有准确的认知和判断，没有来自科学共同体内部的风险预警和自我反思，任何一种社会治理模式都很难奏效。因此，国家要加大对于科技伦理问题的深入研究和研讨力度，积极组建国家科技伦理委员会，加强科技风险与预测方面的研究，进行统筹规范和指导协调，从而推动构建覆盖全面、规范有序、协调一致的科技伦理治理体系。2019年7月24日召开的中央全面深化改革委员会第九次会议，审议通过了《国家科技伦理委员会组建方案》，该方案旨在完善制度规范，健全治理机制，强化伦理监管，细化相关法律法规和伦理审查规则。这充分表明规范各类科学研究活动的工作已经紧锣密鼓开展了，科技伦理建设将进入最高决策层视野，成为推进我国科技创新体系中的重要一环。可见，我国的科技伦理建设稳步加快，将成为数字经济健康发展的内在推动力。

不仅我国自身要进行科技伦理方面的研究，同时也要积极参与到国际伦理治理中去。围绕伦理原则及规范的博弈会凸显不同宗教、哲学和价值观的冲突，伦理议程的讨论也会体现出伦理问题在不同社会存在的差异。因此，我们需要在中国文化所蕴含的伦理思想中探索适应科学研究及技术应用的指导原则。同时，我国要积极参与到国际科技和经济治理的研究之中，不仅在国际伦理规则制定中发出中国声音，而且让中国的伦理思想及话语成为国际伦理治理的重要源泉。因此，将中国的科技伦理研究和国际伦理治理挂钩，不仅可以在全球坐标下拓展学术新领域，也可以在国际伦理规制方面提供中国思想与智慧。

参考文献

[1] 吴韬，钟启超. 共同富裕目标下推进中国西南地区数字经济发展研究 [J]. 云南社会科学，2023（2）：90-97.

[2] 矫萍，田仁秀. 数字技术创新赋能现代服务业与先进制造业深度融合的机制研究 [J]. 广东财经大学学报，2023（1）：31-44.

[3] 李贵成. 数字经济时代平台用工"去劳动关系化"的表征、挑战与应对 [J]. 云南社会科学，2023（2）：150-159.

[4] 袁嘉，兰倩. 数字经济时代传导效应理论与妨碍性滥用垄断规制 [J]. 东北师大学报（哲学社会科学版），2023（2）：125-134.

[5] 尚娟，王珍梦. 数字经济赋能绿色经济发展的效应研究 [J]. 生态经济，2023，39（3）：47-56.

[6] 刘权. 优化数字经济营商环境的行政法治化之道 [J]. 社会科学辑刊：1-11.

[7] 陆岷峰. 新发展格局下数据要素赋能实体经济高质量发展路径研究 [J/OL]. 社会科学辑刊：1-9.

[8] 何地，赵炫焯，齐琦. 中国数字经济发展水平测度、时空格局与区域差异研究 [J]. 工业技术经济，2023，42（3）：54-62.

[9] 杨兰品，杨水琴. 数字经济发展与企业税收不确定性：基于企业低成本战略的调节作用 [J]. 工业技术经济，2023，42（3）：82-91.

[10] 王倩. 数字经济、新型城镇化与产业结构升级 [J]. 工业技术经济，2023，42（3）：73-81.

[11] 张烨璟. 数字经济赋能江苏体育消费升级的路径与对策分析 [J]. 文体用品与科技，2023（5）：82-84.

[12] 本报记者 缴翼飞. 详解数字中国建设整体布局规划 [N]. 21世纪经济报道，2023-03-01（02）.

[13] 常德军，乔丽霞. 如何实现信用经济和数字经济的良性互动发展 [J]. 时代经

贸，2023，20（2）：21-25.

[14] 赵曼玉. 数字经济下中华老字号品牌国际化探究 [J]. 时代经贸，2023，20（2）：118-120.

[15] 李克广. 数字普惠金融对城市经济发展的影响和对策研究 [J]. 商展经济，2023（4）：103-105.

[16] 张子珍，邢赵婷. 数字经济下城乡融合系统高质量协调发展核心内涵及动态演化研究 [J/OL]. 统计与信息论坛：1-13.

[17] 李勇，蒋蕊，张敏，骆琳. 中国数字经济高质量发展水平测度及时空演化分析 [J/OL]. 统计与决策，2023（4）：90-94.

[18] 金殿臣，刘帅，陈昕. 数字经济与共同富裕：基于276个地级市的实证检验 [J/OL]. 新疆师范大学学报（哲学社会科学版）：1-10.

[19] 郭晓明. 数字经济发展下日化企业财务管理模式创新发展研究 [J]. 日用化学工业（中英文），2023，53（1）：125-126.

[20] 杜卓彧. 数字经济对保障社会经济发展创新管理的作用 [J]. 今日财富，2022（18）：7-9.

[21] 李扬，吴静，刘昌新. 新冠疫情下数字经济对保障社会经济发展创新管理的作用及其未来发展策略 [J]. 科技促进发展，2021，17（2）：228-233.

[22] 闫鹏. 数字经济发展与管理会计创新研究 [J]. 财务管理研究，2020（6）：124-126.